GÊNESIS

GÊNESIS

Tradução de ALESSANDRO ZIR

www.lpm.com.br
L&PM POCKET

Coleção **L&PM** Pocket, vol. 246

Primeira edição na Coleção **L&PM** POCKET: 2001
Segunda edição na Coleção **L&PM** POCKET: 2008

Tradução: Alessandro Zir
Capa: Ivan Pinheiro Machado sobre detalhe de afresco de Miguel Ângelo Buonarroti (1475-1564). Quarto vão da abóbada – *O pecado original, Adão e Eva no Paraíso* (1509-1510) Capela Sistina, Vaticano.
Preparação do original: Jó Saldanha
Revisão: Renato Deitos

ISBN 978-85-254-1151-8

B582g   Bíblia, A.T. Gênesis.
         Gênesis; tradução de Alessandro Zir. – 2 ed. – Porto Alegre: L&PM, 2008.
         152 p. ; 18 cm -- (Coleção L&PM Pocket)

         1. Bíblia – Antigo Testamento – Gênesis. I. Título. II. Série.
                                            CDU 222.1

Catalogação elaborada por Izabel A. Merlo, CRB 10/329.

© da tradução, L&PM Editores, 2001

Todos os direitos desta edição reservados a L&PM Editores
Rua Comendador Coruja 314, loja 9 – Floresta – 90220-180
Porto Alegre – RS – Brasil / Fone: 51.3225.5777 – Fax: 51.3221-5380

Pedidos & Depto. comercial: vendas@lpm.com.br
Fale conosco: info@lpm.com.br
www.lpm.com.br

Impresso no Brasil
Outono de 2008

Introdução ao livro do *Gênesis*

Armindo Trevisan

O *Gênesis* é o primeiro livro da Bíblia, denominado pelos judeus, "Bereshit", isto é, "no princípio", das palavras iniciais do texto sagrado. *Gênesis* quer dizer, "formação, origem", porque o seu conteúdo diz respeito à origem do universo.

Deve ser lido à luz de sua dimensão histórico-literária, e também sob um registro específico, o religioso.

O livro principia com a narrativa dos primórdios das coisas e da humanidade. Após estabelecer uma distinção simplificada entre os povos, concentra-se no destino de uma única estirpe, a do patriarca dos patriarcas, Abraão, o pai de todos os crentes. Este aparece em alguns episódios, na companhia de seus filhos (Ismael, Isaac), de seus netos (Esaú, Jacó) e de seus bisnetos (os doze filhos de Jacó, fundadores das doze tribos de Israel). Concede-se particular importância à história de José. O livro termina com a descrição da morte de Jacó, que havia se transferido para o Egito com toda a sua família.

Embora seja obra do gênio de uma raça, a judaica, o *Gênesis* apresenta paralelos com outras narrações mesopotâmicas, principalmente com os poemas babilônicos "Enuma Elish" e "Gilgamesh". Tais poemas fornecem ao texto bíblico uma espécie de ambiente, evidenciando aspectos do seu valor religioso e moral, além de confirmarem a historicidade da emigração da família de Abraão da Mesopotâmia, e a antiguidade de tradições que o patriarca levou consigo, transmitindo-as aos seus descendentes.

Existem, contudo, profundas diferenças entre o texto do *Gênesis* e o dos poemas babilônicos, em especial o "Enuma Elish" (palavras iniciais do poema: "Quando no alto").

Primeiramente, o texto do *Gênesis* realça o fato de que Deus agiu só. Sua vitória sobre o caos não supõe nenhum combate contra as forças contrárias: "Os luminares são fixados por Deus, mas, para afastar toda a idéia de divinização, o sol e a lua não são designados por seus nomes, se bem que presidam ao desenrolar do tempo e determinem o calendário, assim como as festas litúrgicas"[1]. Aliás, a própria palavra *deusa* não existe no vocabulário hebraico[2].

No caso do *Gênesis*, a ordem cósmica resulta de uma ordem divina. Ou seja: a realidade surge da palavra de Deus. O autor introduz no poema

---

1. BRIEND, Jacques. *A criação e o dilúvio*. São Paulo, Ed. Paulinas, 1990. p. 90.

2. GROLENBERG, Luc. H. *A nova imagem da Bíblia*. São Paulo, Herder, 1970, p. 44.

um conceito absolutamente original, o de *criação do nada*: ao passo que o verbo "fazer" pode significar qualquer tipo de atividade, o verbo "criar" é reservado a Deus, e deixa claro que a atividade de Deus é diferente da do homem.

Outra originalidade do *Gênesis* está na maneira de apresentar *a formação dos sexos na humanidade*. O autor bíblico distingue, explicitamente, a formação do homem e da mulher. A finalidade disso é demonstrar que o casal humano é querido por Deus: "O texto (2,18-24) é, a esse respeito, admiravelmente construído: 'Que a mulher provenha de uma costela tirada do homem' – observa Jacques Briend – 'é maneira figurada de afirmar o elo que os une, embora a origem dessa apresentação nos escape'[3]. Notemos que a cosmologia que o poeta bíblico pressupõe é incompatível com a ciência moderna: a luz seria anterior às estrelas; existiria uma abóbada cristalina, isto é, o firmamento, sobre a terra, etc. Não era intenção do poeta descrever as fases pelas quais o mundo se originou, ele pretendia apenas inculcar o fato de que todos os seres foram criados por Deus, e se destinam a refletir-lhe as perfeições"[4].

Vale a pena lembrar que o livro não foi composto de uma só vez, mas que é resultado de uma

---

3. Ibidem, p. 91.

4. BETTENCOURT, Estevão. *Para entender o Antigo Testamento*. 4 ed. Aparecida, Editora Santuário, 1990, p. 38.

elaboração literária, que se prolongou durante várias gerações. Pressupõe uma tradição viva, constantemente retomada em função das peripécias da história de Israel.

Os leitores, tanto crentes como não-crentes, têm, no *Gênesis*, um dos mais altos e belos textos literários de todos os tempos.

GÊNESIS

OS TEMPOS ANTIGOS
Desde a Criação até Abraão

1

No início, Deus criou os céus e a terra.

A terra era vazia e sem forma. Trevas pairavam na superfície do abismo, e o espírito de Deus movia-se sobre as águas.

Deus disse: "Que haja luz!" E a luz existiu. Deus viu que a luz era boa e separou-a das trevas. Deus chamou à luz dia, e às trevas, noite. E foi a tarde e foi a manhã: o primeiro dia.

Deus disse: "Que haja um firmamento entre as águas, e que ele separe as águas umas das outras". E Deus fez o firmamento e separou as águas que estavam abaixo do firmamento das que estavam acima do firmamento. E assim aconteceu. Deus chamou ao firmamento céu. E foi a tarde e foi a manhã: o segundo dia.

Deus disse: "Que as águas que estejam abaixo do céu reúnam-se num só lugar, e que o elemento seco apareça. E assim ocorreu". Deus chamou ao elemento seco terra, e ao ajuntamento das águas, mares. Deus viu que isso era bom e depois disse: "Que a terra produza o verde, ervas trazendo sementes, árvores dando frutos e dentro deles as sementes de suas espécies". E assim foi. A terra produziu o verde, e ervas carregando as sementes de sua espécie, e árvores dando frutos contendo sementes segundo sua espécie. Deus viu que isso era bom. E foi a tarde e foi a manhã: o terceiro dia.

Deus disse: "Que haja luminares na abóbada celeste, para separar o dia da noite. Que eles sejam signos para marcar as épocas, os dias e os anos. E sirvam para iluminar o firmamento, para iluminar a terra". E assim foi. Deus fez os dois grandes luminares, o maior deles para presidir o dia, e o menor para presidir a noite. Fez também as estrelas. Deus colocou os luminares e as estrelas na abóbada celeste, para que iluminassem a terra e para que dirigissem o dia e a noite, separando a luz das trevas. Deus viu que isso era bom. E foi a tarde e foi a manhã: o quarto dia.

Deus disse: "Que as águas produzam, em abundância, seres viventes, e que pássaros voem sobre a terra em direção ao firmamento". Deus criou os grandes peixes e todos os seres viventes que se arrastam, e as águas os produziram em abundância, segundo suas espécies. Criou também todas as espécies de pássaros. Deus viu que isso era bom. Deus abençoou-os, dizendo: "Sede férteis, multiplicai-vos e enchei as águas dos mares. E que os pássaros multipliquem-se sobre a terra". E foi a tarde e foi a manhã: o quinto dia.

Deus disse: "Que a terra produza seres viventes, segundo suas espécies, reses, répteis e toda espécie de animais terrestres". E assim aconteceu. Deus fez os animais da terra conforme suas espécies, os domésticos segundo sua espécie e todas as espécies de répteis terrestres. Deus viu que isso era bom, e disse: "Façamos o homem à nossa imagem e semelhança, e que ele domine sobre os peixes do mar, sobre os pássaros do céu, sobre o gado, sobre toda a terra e sobre todos os répteis que nela rastejam". Deus criou o homem à sua imagem, à imagem de Deus, criou o homem e a mulher. Deus abençoou-os e disse a eles: "Sede férteis, multiplicai-vos, enchei a terra e a subjugai. Dominai sobre os peixes do mar, sobre os pássaros do céu, e sobre todos os animais que se movem sobre a terra". E Deus disse: "Aqui está, dou a vós todas as plantas que estão sobre a terra e as sementes que elas carregam, e todas as árvores frutíferas – isso será o vosso alimento. E a todos os animais da terra, a todos os pássaros do céu, a tudo o que se move sobre a terra, tendo em si um sopro de vida, dou o verde como alimento". E assim ocorreu. Deus viu tudo o que tinha feito, e eis que tudo era muito bom. E foi a tarde e foi a manhã: o sexto dia.

2

Dessa forma, foram terminados os céus e a terra, e todos os seus exércitos. Deus acabou no sétimo dia sua obra, e no sétimo dia descansou de tudo o que havia feito. Deus abençoou o sétimo dia e o santificou, porque nesse dia ele descansou de toda a sua obra, que criara fazendo.

Eis as origens dos céus e da terra, quando foram criados.

Quando o Eterno fez uma terra e os céus, não existia nenhum arbusto sobre a terra e nenhuma erva germinava ainda, pois o Eterno não fizera chover sobre a terra, e não havia nenhum homem para cultivar o solo. Mas um vapor se desprendia da terra e regava toda a sua superfície.

O Eterno fez o homem do pó da terra, soprou-lhe no nariz um hálito de vida e o homem tornou-se um ser vivente.

Depois, o Eterno plantou um jardim no Éden, no lado do oriente, e ali pôs o homem que havia formado. O eterno fez brotarem do solo árvores de todas as espécies, agradáveis à vista e boas para comer, e a árvore da vida no meio do jardim, e a árvore do conhecimento do bem e do mal. Um rio saía do Éden para regar o jardim, e dali se dividia em quatro braços. O nome do primeiro é Pison, aquele que rodeia toda a região de Havilá, na qual se encontra ouro. O ouro dessa região é puro, e nela encontra-se também o bdélio e o ônix. O nome do segundo afluente é Gion, aquele que rodeia toda a região de Cuche. O nome do terceiro é Tigre, aquele que corre pelo oriente da Assíria. O quarto afluente é o Eufrates.

O Eterno tomou o homem e colocou-o no jardim do Éden, a fim de que o homem cultivasse e cuidasse do jardim. O Eterno deu a seguinte ordem ao homem: "Tu podes comer de todas as árvores do jardim. Mas não coma da árvore do conhecimento do bem e do mal, porque tu morrerás no dia que comeres dela".

O Eterno disse: "Não é bom que o homem fique só. Farei, para ele, uma ajudante que lhe seja idêntica". O Eterno formou da terra todos os animais dos campos e todas as aves do céu, e os fez vir até o homem, para ver como o homem chamava-lhes, a fim de que todo o ser vivo levasse o nome dado pelo homem. E o homem deu nome a todos os animais domésticos, aos pássaros do céu e a todos os animais dos campos, mas nenhum deles era idêntico ao homem. Assim, o Eterno fez cair um sono profundo sobre o homem, que adormeceu. Tomou, então, uma de suas costelas e tornou a fechar a carne em seu lugar. Da costela, o Eterno fez uma mulher e conduziu-a até o homem. E o homem disse: "Eis aqui aquela que é osso dos meus ossos e carne da minha carne! Será chamada mulher, porque foi tomada do homem". Por isso, o homem deixará seu pai e sua mãe, unindo-se à sua mulher, e eles serão uma só carne.

O homem e sua mulher estavam ambos nus, e não sentiam nenhuma vergonha.

3

A serpente era o mais astuto de todos os animais que Deus criara sobre os campos. Ela perguntou à mulher: "Deus realmente vos disse para não comerdes de todas as árvores do jardim?" A mulher respondeu à serpente: "Nós comemos do fruto das árvores do jardim. Mas, quanto ao fruto da árvore que está no meio do jardim, Deus disse: 'Vós não comereis dele e não tocareis nele, sob ameaça de morte'". Então, a serpente falou à mulher: "Vós não morrereis, mas Deus sabe que vossos olhos se abrirão no dia em que comerdes desse fruto, e vós sereis como deuses, conhecendo o bem e o mal".

A mulher viu que a árvore era boa para comer e agradável à vista, e que era importante para despertar o entendimento. Ela tomou seu fruto e o comeu. Ela deu o fruto também a seu marido, que estava junto dela, e ele o comeu.

Os olhos de um e de outro se abriram, eles perceberam que estavam nus e cobriram-se com folhas de figueira. Ouviram, então, a voz de Deus, que passava pelo jardim à tarde, e o homem e sua mulher esconderam-se longe da face de Deus, em meio às árvores do jardim.

Mas Deus chamou o homem, e disse-lhe: "Onde estás?" Ele respondeu: "Ouvi tua voz pelo jardim, e tive medo, porque estou nu, e me escondi". E Deus disse: "Quem te ensinou que tu estás nu? Comeste da árvore proibida?" O homem respondeu: "A mulher que colocaste junto a mim me deu da árvore, e eu comi". E Deus disse à mulher: "Por que fizeste isso?" A mulher respondeu: "A serpente me seduziu, e eu comi".

Deus disse à serpente: "Já que fizeste isso, serás maldita entre todos os animais domésticos e entre todos os animais dos campos. Tu marcharás sobre o teu ventre e comerás pó, durante todos os dias de tua vida. Colocarei inimizade entre ti e a mulher, entre a tua descendência e a descendência dela. Esta te esmagará a cabeça, e tu lhe ferirás o calcanhar". Ele disse à mulher: "Aumentarei o sofrimento da tua gravidez. Tu darás à luz com dor. Terás desejos por teu marido, mas ele dominará sobre ti". Ele disse ao homem: "Escutaste a voz de tua mulher, e comeste da árvore que te ordenei não comer jamais – o solo por tua causa será maldito! Durante todos os dias de tua vida, será à força de trabalho que conseguirás comida. O trabalho trará, para ti, embaraços e dificuldades, e tu comerás a erva dos campos. Será pelo suor do teu rosto que tu comerás do pão, até que retornes à terra da qual foste tomado, porque tu és pó e tu retornarás ao pó".

Adão deu a sua mulher o nome de Eva, porque ela foi a mãe de todos os vivos.

Deus fez para Adão e sua mulher roupas de pele, e os revestiu.

Deus disse: "Eis que o homem tornou-se como um de nós, pelo conhecimento do bem e do mal.

Evitemos, agora, que ele avance sua mão e tome da árvore da vida, que ele coma dela e que ele viva eternamente". E Deus expulsou o homem do jardim do Éden, para que ele cultivasse a terra, da qual tinha sido tomado. Assim, Deus expulsou Adão e colocou, ao oriente do jardim do Éden, querubins agitando uma espada flamejante, a fim de proteger o caminho que levava à árvore da vida.

4

Adão conheceu a Eva, sua mulher. Ela engravidou, e deu à luz Caim, e ela disse: "Concebi um homem com a ajuda de Deus". Ela engravidou novamente, dando à luz Abel, irmão de Caim. Abel foi pastor, e Caim foi agricultor.

Depois de algum tempo, Caim fez uma oferenda de frutas ao Senhor. E Abel, por sua vez, fez outra, com os primogênitos do seu rebanho e com a gordura deles. O Senhor olhou favoravelmente para Abel e sua oferenda, mas não viu com bons olhos a oferenda de Caim. Caim ficou muito irritado, e seu semblante abateu-se. E o Senhor disse a Caim: "Por que estás irritado, e por que carregas essa expressão abatida? Certamente, se agires bem, reconstruirás teu rosto. Mas se agires mal, o pecado se acomodará, à espreita, lançando-te desejos: deves dominar sobre ele".

Durante esse tempo, Caim conversou com Abel. Mas, quando estavam no campo, Caim atirou-se sobre seu irmão Abel e o matou.

O Senhor disse a Caim: "Onde está teu irmão Abel?" Ele respondeu: "Eu não sei, sou por acaso guardião de meu irmão?" E Deus disse: "O que fizeste? A voz do sangue do teu irmão grita da terra até mim. De agora em diante, serás amaldiçoado pela terra – ela que abriu a boca para receber, da tua mão, o sangue do teu irmão. Quando cultivares o solo, ele não te dará mais sua riqueza. Tu serás errante e vagabundo". Caim disse ao Senhor: "Meu castigo é muito grande para ser suportado. Eis que sou expulso hoje dessa terra, ficarei escondido, longe da tua face, serei um errante e um vagabundo. Mas morrerei nas mãos daquele que me encontrar". O Senhor disse-lhe: "Se alguém matar Caim, Caim será vingado sete vezes". E o Senhor marcou Caim com um sinal, para que quem o encontrasse não o matasse.

Depois, Caim afastou-se da face do Senhor, e foi morar na terra de Node, no oriente do Éden.

Caim conheceu sua mulher. Ela engravidou e deu à luz Enoque. Caim edificou uma cidade e deu a ela o nome do seu filho.

Enoque gerou Irade, Irade gerou Meüjael, Meüjael gerou Matusael e Matusael gerou Lameque.

Lameque teve duas mulheres: o nome de uma era Ada, e da outra Zila. Ada deu à luz Jabal: ele foi o pai de todos os que habitam tendas e criam rebanhos. O nome do seu irmão era Jubal: ele foi o pai de todos os que tocam harpa e flauta. Zila, por sua vez, deu à luz Tubal-Caim, aquele que forjou todos os instrumentos de bronze e de ferro. A irmã de Tubal-Caim era Naama.

Lameque disse às suas mulheres: "Ada e Zila, escutem minha voz! Mulheres de Lameque, escutem o que eu digo! Matei um homem por uma ferida, e matei um jovem porque me pisou. Caim será vingado sete vezes, e Lameque, setenta e sete vezes".

Adão conheceu mais uma vez sua mulher. Ela deu à luz um filho, e lhe chamou Set, porque, disse ela: "Deus deu-me um outro filho no lugar de Abel, que Caim matou".

Set teve também um filho, e ele lhe chamou Enos. Nesse tempo, começou-se a invocar o nome do Senhor.

5

Eis o livro da descendência de Adão.

Quando Deus criou o homem, ele o fez à semelhança de Deus. Ele criou o homem e a mulher, abençoou-os e chamou-os pelo nome homem, assim que foram criados.

Adão, com cento e trinta anos, fez um filho à sua semelhança, segundo sua imagem, e deu a ele o nome de Set. Depois do nascimento de Set, Adão viveu por mais oitocentos anos, gerando filhos e filhas. Ao todo, Adão viveu por novecentos e trinta anos, e morreu.

Set, aos cento e cinco anos, gerou Enos. Depois do nascimento de Enos, Set viveu por mais oitocentos e sete anos, gerando filhos e filhas. A vida de Set durou novecentos e doze anos, então ele morreu.

Enos, aos noventa anos, gerou Quenã. Depois do nascimento de Quenã, Enos viveu por mais oitocentos e quinze anos, gerando filhos e filhas. A vida de Enos durou novecentos e cinco anos, então ele morreu.

Quenã, aos setenta anos, gerou Maalalel. Depois do nascimento de Maalalel, Quenã viveu por mais oitocentos e quarenta anos, gerando filhos e filhas. A vida de Quenã durou novecentos e dez anos, então ele morreu.

Maalalel, aos sessenta e cinco anos, gerou Jarede. Depois do nascimento de Jarede, Maalalel viveu oitocentos e trinta anos, gerando filhos e filhas. A vida de Maalalel foi de oitocentos e noventa e cinco anos, então ele morreu.

Jarede, aos cento e sessenta e dois anos, gerou Enoque. Depois do nascimento de Enoque, Jarede viveu por mais oitocentos anos, gerando filhos e filhas. A vida de Jarede foi de novecentos e sessenta e dois anos, então ele morreu.

Enoque, aos sessenta e cinco anos, gerou Matusalém. Depois do nascimento de Matusalém, Enoque marchou com Deus por trezentos anos, gerando filhos e filhas. A vida de Enoque durou trezentos e sessenta e cinco anos. Enoque marchou com Deus, depois deixou de existir, porque Deus o tomou.

Matusalém, aos cento e oitenta e sete anos, gerou Lameque. Depois do nascimento de Lameque, Matusalém viveu por mais setecentos e oitenta e dois anos, gerando filhos e filhas. A vida de Matusalém foi de novecentos e sessenta e nove anos, então ele morreu.

Lameque, aos cento e oitenta e dois anos, gerou um filho. Ele lhe chamou Noé, dizendo: "Este nos consolará de nossas fadigas e do trabalho penoso de nossas mãos, provindos desse terra que Deus amaldiçoou". Depois do nascimento de Noé, Lameque viveu por mais quinhentos e noventa e cinco anos, gerando filhos e filhas. A vida de Lameque durou setecentos e setenta e sete anos, então ele morreu.

Noé, aos quinhentos anos, gerou Sem, Cam e Jafé.

6

Assim que os homens começaram a multiplicar-se sobre a face da terra, e lhes nasceram filhas, os filhos de Deus viram que as filhas dos homens eram belas, e tomaram como esposas todas as que quiseram. Então, Deus disse: "Meu espírito não ficará para sempre no homem, porque o homem é somente carne, e seus dias serão de cento e vinte anos".

Os gigantes habitavam a terra, naquele tempo, depois que os filhos de Deus vieram tomar as filhas dos homens, e que elas lhes deram crianças: eles são os famosos heróis da antigüidade.

Deus viu que a maldade dos homens era grande na terra, e que todos os pensamentos do coração deles se dirigiam, a cada dia, para o mal. Deus arrependeu-se de ter feito o homem sobre a terra e se afligiu. E Deus disse: "Exterminarei da face da terra o homem que criei, e também os animais domésticos, os répteis e os pássaros do céu, porque me arrependo de os haver feito".

Mas Noé alcançou graça aos olhos de Deus.

Eis a descendência de Noé.

Noé era um homem justo e íntegro, no seu tempo. Ele caminhava com Deus.

Noé gerou três filhos: Sem, Cam, e Jafé.

A terra era corrompida diante de Deus, estava cheia de violência. Deus olhou para a terra e viu que ela estava corrompida. Porque toda a carne tinha se dispersado sobre a terra.

Então Deus disse a Noé: "O fim de toda a carne chegou perante mim. Porque eles encheram a terra de violência, eis que os vou destruir junto com a terra. Faze uma arca de madeira de resinosa. Tu farás compartimentos nela, e a calafetarás por dentro e por fora. Ela terá trezentos côvados de comprimento, cinqüenta côvados de largura e trinta de altura. Deves fazer uma janela, não mais alta do que um côvado, e uma porta num dos lados da arca, e diferentes pisos, um primeiro, um segundo, um terceiro. De minha parte, farei vir o dilúvio sobre a terra, para destruir toda a carne que tenha sopro de vida sob o céu. Tudo que estiver sobre a terra perecerá. Mas estabeleço minha aliança contigo. Tu entrarás na arca, tu e teus filhos, com tua mulher e as mulheres deles. De tudo o que vive, de toda a carne, tu farás entrar na arca dois de cada espécie, a fim de conservar-lhes a vida contigo: um macho e uma fêmea. Dos pássaros segundo sua espécie, dos animais domésticos segundo sua espécie e de todos os répteis da terra segundo sua espécie: dois de cada espécie virão até ti, para que tu conserves a vida deles. Faze também provisões de vários tipos de alimentos, para ti e para eles".

Foi o que fez Noé: ele executou tudo aquilo que Deus havia lhe ordenado.

7

Deus disse a Noé: "Entra na arca, tu e todos os teus próximos, porque tenho visto que és justo perante mim, nesse tempo. Leva junto contigo sete casais de todos os animais puros, macho e fêmea. Um par dos animais impuros, macho e fêmea. Leva também sete pares de aves do céu, macho e fêmea, a fim de conservar em vida sua raça, sobre a face de toda terra. Passados sete dias, farei chover sobre a terra quarenta dias e quarenta noites, e exterminarei da face da terra todos os seres que fiz".

Noé executou tudo o que Deus lhe ordenara.

Noé tinha seiscentos anos, quando caiu o dilúvio sobre a terra. E Noé entrou na arca com seus filhos, sua mulher e a mulher de seus filhos, a fim de escapar do dilúvio. Dos animais puros e dos que não o são, dos pássaros e de tudo o que se move sobre a terra, entraram na arca depois de Noé, dois a dois, um macho e uma fêmea, conforme Deus tinha ordenado.

Sete dias depois, as águas do dilúvio caíram sobre a terra. No ano seiscentos da vida de Noé, no segundo mês, no dia dezessete, todas as fontes do grande abismo romperam-se e as comportas dos céus se abriram. A chuva caiu sobre a terra quarenta dias e quarenta noites. Entraram na arca Noé, Sem, Cam e Jafé, filhos de Noé, a mulher de Noé e as três mulheres de seus filhos, e todos os animais segundo sua espécie, todos os animais domésticos segundo sua espécie, todos os répteis que se arrastavam sobre a terra segundo sua espécie, todas as aves segundo sua espécie, todos os pequenos pássaros, tudo o que tinha asas. Eles entraram na arca depois de Noé, dois a dois, casais de toda a carne em que havia um sopro de vida. Macho e fêmea de toda a carne, como Deus havia ordenado a Noé. Depois, Deus fechou-os dentro.

O dilúvio caiu quarenta dias sobre a terra. As águas avolumaram-se e ergueram a arca, que elevou-se por cima da terra. As águas engrossaram e tomaram conta da terra, e a arca flutuou sobre a superfície delas. As águas engrossaram mais e mais, e todas as altas montanhas abaixo de todo céu foram submersas. As águas se elevaram quinze côvados acima das montanhas.

Tudo que se movia sobre a terra pereceu, tanto os pássaros quanto os animais, tudo o que se arrastava sobre a terra e todos os homens. Tudo que respirava e tinha sopro de vida em suas narinas, e que estava sobre a terra seca, morreu. Todos os seres que estavam na face da terra foram exterminados, homens, animais domésticos, répteis e pássaros do céu: eles foram exterminados da terra. Restou apenas Noé e o que ele levava consigo na arca. As águas foram abundantes sobre a terra durante cento e cinqüenta dias.

8

Deus lembrou-se de Noé, de todos os animais e dos animais domésticos que estavam na arca e fez soprar um vento sobre a terra, e as águas aquietaram-se. As fontes do abismo e as comportas do céu foram fechadas, e a chuva não mais caiu. As águas se retiraram da terra, afastando-se para longe, e eram poucas no final de cento e cinqüenta dias. No sétimo mês, no dia dezessete, a arca parou sobre as montanhas de Arará. As águas continuaram diminuindo até o décimo mês. No décimo mês, no dia primeiro, apareceram os cumes das montanhas.

No final de quarenta dias, Noé abriu a janela que havia feito na arca. Ele soltou um corvo, que partia e retornava, até secarem as águas. Ele soltou também uma pomba, para examinar se as águas tinham diminuído sobre a superfície terrestre. Mas a pomba, não encontrando nenhum lugar onde pousar, voltou até a arca, porque sobre toda a superfície terrestre havia água. Ele a tomou nas mãos e conduziu-a mais uma vez para dentro da arca. Esperou mais sete dias e soltou de novo a pomba, para fora da arca. A pomba retornou para ele à tardinha, e eis que trazia uma folha verde de oliveira no bico. Noé soube assim que as águas haviam diminuído sobre a terra. Ele esperou ainda outros sete dias e soltou a pomba, mas ela não retornou mais.

No ano seiscentos e um, no primeiro dia do primeiro mês, as águas tinham secado sobre a terra. Noé abriu a cobertura da arca, olhou e eis que a superfície da terra estava seca. No segundo mês, aos vinte e sete dias do mês, a terra secou.

Deus disse a Noé: "Sai da arca, tu e tua mulher, teus filhos e as mulheres deles. Faça saírem junto contigo todos os animais, os pássaros, os domésticos, e todos os répteis: que eles se espalhem sobre a terra, que sejam férteis e que multipliquem-se". E Noé saiu, com seus filhos, sua mulher e as mulheres de seus filhos. Todos os animais, todos os répteis, todos os pássaros, todas as coisas que se movem sobre a terra, segundo suas espécies, saíram da arca.

Noé construiu um altar para o Senhor. Ele tomou de todos os animais puros e de todas as aves puras, e ofereceu sacrifícios sobre o altar. O Senhor sentiu um odor agradável e disse em seu coração: "Não amaldiçoarei mais a terra por causa do homem, pois os pensamentos do coração do homem são maus desde que ele é jovem, e não afligirei mais todos os seres viventes, como o fiz. Durante o tempo que a terra subsistir, o plantio e a colheita, o frio e o calor, o verão e o inverno, o dia e a noite não terminarão".

9

Deus abençoou Noé e seus filhos e disse a eles: "Sede férteis, multiplicai-vos e enchei a terra. Vós sereis motivo de medo e pavor para todo o animal da terra, para todo pássaro do céu, para tudo o que se move sobre a terra, e para todos os peixes do mar: eles são entregues às vossas mãos. Tudo o que se move e vive servirá de alimento para vós: dou-vos tudo, e também o verde. Mas não comereis nenhuma carne com sua alma, com seu sangue. Sabei também que reclamarei de volta o sangue de vossas almas, reclamarei ele de volta a qualquer animal, e reclamarei a alma do homem ao homem, àquele que é seu irmão. Se qualquer um derramar o sangue do homem, pelo homem o sangue dele será vertido, pois Deus fez o homem à sua imagem. E vós, sede férteis e multiplicai-vos, espalhai-vos sobre a terra".

Deus falou ainda a Noé e seus filhos, assim dizendo: "Eis que estabeleço minha aliança convosco e com vossa descendência, com todos os seres viventes que estão convosco, tanto pássaros como animais domésticos, todos os animais da terra. Com todos os que saíram da arca, com todos os que estão na terra. Estabeleço minha aliança convosco: mais nenhuma carne será exterminada pelas águas do dilúvio, e não haverá mais dilúvio para destruir a terra". E Deus disse: "Aqui está a marca da aliança que estabeleço entre mim e vós, e todos os seres viventes que estão com vós, visível para sempre: coloquei meu arco no céu e ele marcará a aliança entre mim e a terra. Quando eu reunir as nuvens sobre a terra, o arco aparecerá na nuvem, e eu me lembrarei da aliança entre mim, vós e todos os seres viventes, de toda a carne, e as águas não se tornarão mais um dilúvio para destruir toda a carne. O arco estará na nuvem, e eu o olharei para me lembrar da aliança perpétua entre Deus e todos os seres viventes, de toda a carne que existe na terra". E Deus disse a Noé: "Tal é a marca da aliança que estabeleço entre mim e toda a carne que há na terra".

Os filhos de Noé, que saíram da arca, eram Sem, Cam e Jafé. Cam foi o fundador de Canaã. Eles são os três filhos de Noé, e foi a sua descendência que povoou toda a terra.

Noé começou a cultivar a terra e plantou vinhas. Ele bebeu o vinho, embriagou-se e desnudou-se dentro da sua tenda. Cam, fundador de Canaã, viu a nudez de seu pai e levou a notícia a seus irmãos. Sem e Jafé pegaram um manto, colocaram-no nos ombros, marcharam de costas e cobriram a nudez de seu pai. Como o rosto deles estava virado para o outro lado, não viram nada da nudez de seu pai. Assim que Noé despertou da embriaguez, soube o que fizera-lhe o filho mais novo, e disse: "Maldito seja Canaã, que ele seja o escravo dos escravos de seus irmãos!" Ele disse ainda: "Bendito seja o Senhor, Deus de Sem, e que Canaã seja seu escravo! Que Deus estenda os domínios de Jafé, que ele habite juntamente com Sem, e que Canaã seja escravo deles!"

Noé viveu, depois do dilúvio, trezentos e cinqüenta anos. A vida de Noé foi de novecentos e cinqüenta anos, depois ele morreu.

10

Eis a descendência de Sem, Cam e Jafé, os filhos de Noé.

Depois do dilúvio, tiveram filhos.

Os filhos de Jafé foram os seguintes: Gomer, Magogue, Madai, Javã, Tubal, Meseque e Tiras. Os filhos de Gomer: Asquenaz, Rifate e Togarma. Os filhos de Javã: Elisá, Társis, Quitim e Dodanim. Por eles foram povoadas as ilhas das nações, conforme às terras e à língua de cada um, conforme às suas famílias e às suas nações.

Os filhos de Cam foram os seguintes: Cuche, Mizraim, Pute e Canaã. Os filhos de Cuche: Seba, Havilá, Sabtá, Raamá e Sabtecá. Os filhos de Raamá: Sebá e Dedã. Cuche também gerou Ninrode, o primeiro a ser poderoso na terra, intrépido caçador diante do Senhor. Por causa disso se diz: como Ninrode, intrépido caçador diante do Senhor. Inicialmente, ele reinou sobre Babel, Ereque, Acade e Calné, na terra de Sinar. De lá, rumou para Assíria, onde edificou Nínive, Reobote-Ir, Calá, e Résem, a grande cidade, entre Nínive e Calá. Mizraim gerou os Ludim, os Anamim, os Leabim, os Naftuim, os Patrusim, os Casluim, de onde surgiram os Filisteus e os Caftorim. Canaã gerou Sidom, seu primogênito, e Hete, e os Jebuseus, os Amorreus, os Girgaseus, os Heveus, os Arqueus, os Sineus, os Arvadeus, os Zemareus e os Hamateus. Depois, as famílias dos Cananeus se dispersaram. Espalharam-se, a partir de Sidom, para o lado de Gerar, até Gaza, e para o lado de Sodoma, de Gomorra, de Admá e de Zeboim, até Lasa. Esses são os filhos de Cam, segundo suas famílias, segundo suas línguas, suas terras, suas nações.

Nasceram também filhos a Sem, pai de todos os filhos de Eber e irmão mais velho de Jafé. Os filhos de Sem foram os seguintes: Elão, Assur, Arfaxade, Lude e Arão. Os filhos de Arão: Uz, Hul, Geter e Más. Arfaxade gerou a Selá, e Selá gerou a Eber. Eber teve dois filhos: o nome de um foi Pelegue, porque no seu tempo a terra foi dividida, e o nome de seu irmão foi Joctã. Joctã gerou Almodá, Selefe, Hazarmavé, Jerá, Hadorão, Usal, Dicla, Obal, Abimael, Sebá, Ofir, Havilá e Jobabe. Todos esses foram filhos de Joctã. Eles habitaram desde Messa, pelo lado de Sefar, até a montanha do oriente. Esses são os filhos de Sem, segundo suas famílias, suas línguas, suas terras, suas nações.

Tais são as famílias dos filhos de Noé, segundo suas gerações e suas nações. Deles saíram as nações que espalharam-se pela terra depois do dilúvio.

11

Em toda a terra falava-se uma só língua, com as mesmas palavras.

Como os homens partiam do oriente, encontraram um vale na terra de Sinar, e ali habitaram. Diziam-se uns aos outros: "Vamos, façamos tijolos e queimemo-los no fogo! Os tijolos lhes serviram de pedras, e o betume lhes serviu de cimento". Eles disseram ainda: "Vamos, façamos uma cidade e uma torre cujo cume toque à abóbada celeste, e forjemos um nome, a fim de que não fiquemos dispersos sobre a face de toda a terra". Deus desceu para ver a cidade e a torre que construíam os filhos dos homens. E Deus disse: "Eis que são um só povo e falam todos a mesma língua, e é isso que empreendem! A partir de agora, nada os impedirá de fazer tudo o que planejarem. Vamos, desçamos e lá confundamos as suas palavras, a fim de que não entendam mais a língua uns dos outros". E Deus os dispersou para longe de lá, pela face de toda a terra, e eles deixaram de construir a cidade. É por isso que ela é chamada de Babel, porque foi nela que Deus confundiu a língua de toda a terra, e dela que dispersou os homens pela face de toda a terra.

OS ANTEPASSADOS DO POVO DE ISRAEL
De Abraão a José

Eis a descendência de Sem.

Sem, aos cem anos de idade, gerou Arfaxade, dois anos depois do dilúvio. Depois do nascimento de Arfaxade, Sem viveu quinhentos anos, gerando filhos e filhas.

Arfaxade, aos trinta e cinco anos, gerou Selá. Depois do nascimento de Selá, Arfaxade viveu quatrocentos e três anos, gerando filhos e filhas.

Selá, aos trinta anos, gerou Eber. Depois do nascimento de Eber, Selá viveu quatrocentos e três anos, gerando filhos e filhas.

Eber, aos trinta e quatro anos, gerou Pelegue. Depois do nascimento de Pelegue, Eber viveu quatrocentos e trinta anos, gerando filhos e filhas.

Pelegue, aos trinta anos, gerou Reú. Depois do nascimento de Reú, Pelegue viveu duzentos e nove anos, gerando filhos e filhas.

Reú, aos trinta e dois anos, gerou Serugue. Depois do nascimento de Serugue, Reú viveu duzentos e sete anos, gerando filhos e filhas.

Serugue, aos trinta anos, gerou Naor. Depois do nascimento de Naor, Serugue viveu duzentos anos, gerando filhos e filhas.

Naor, aos vinte e nove anos, gerou Tera. Depois do nascimento de Tera, Naor viveu cento e dezenove anos, gerando filhos e filhas.

Tera, aos setenta anos, gerou Abrão, Naor e Harã.

Eis as gerações de Tera: Tera gerou Abrão, Naor e Harã. Harã gerou Lot. E Harã morreu na presença de Tera, seu pai, na terra do seu nascimento, em Ur, na Caldéia. Abrão e Naor tomaram mulheres para si: o nome da mulher de Abrão era Sarai, e o nome da mulher de Naor era Milca, filha de Harã, pai de Milca e Iscá. Sarai era estéril: não teve nenhuma criança.

Tera reuniu Abrão, seu filho, e o filho de Harã, Lot, filho de seu filho, e Sarai, sua bela filha, mulher de Abrão, seu filho. Eles partiram juntos de Ur, na Caldéia, para ir à terra de Canaã. Foram até Harã e lá habitaram.

Tera viveu duzentos e cinco anos e morreu em Harã.

12

Deus disse a Abrão: "Parte da tua terra, da tua pátria e da casa de teu pai, e vai até a terra que te indicarei. Farei de ti uma grande nação e te abençoarei. Engrandecerei teu nome e tu serás uma fonte de bênçãos. Abençoarei os que te abençoarem e amaldiçoarei os que te amaldiçoarem, e todas as famílias da terra serão abençoadas em ti".

Abrão partiu, conforme lhe tinha dito o Senhor, e Lot foi com ele. Abrão tinha setenta e cinco anos, quando saiu de Harã. Abrão levou consigo Sarai, sua mulher, e Lot, filho de seu irmão, e os bens que eles possuíam e os criados que eles haviam adquirido em Harã. Partiram rumo à terra de Canaã, e lá chegaram.

Abrão percorreu Canaã até encontrar um lugar chamado Siquem, até os carvalhos de Moré. Os cananeus estavam então na terra. Deus apareceu a Abrão e disse: "Darei essa terra aos teus descendentes". E Abrão construiu um altar para o Senhor, que tinha lhe aparecido. Depois, partiu até a montanha que fica ao oriente de Betel, e montou suas tendas, ficando-lhe Betel ao ocidente e Ai ao oriente. Construiu lá também um altar para o Senhor e invocou o nome de Deus. Abrão continuou marchando, avançando para o sul.

Houve fome naquela terra e Abrão desceu até o Egito, para lá residir, enquanto a fome perdurasse. Antes de entrar no Egito, disse a Sarai, sua mulher: "Sei que tu és uma mulher bela. Quando os egípcios te virem, dirão: 'É mulher dele!' E vão me matar, deixando-te a vida. Dize, eu te peço, que és minha irmã, a fim de que eu seja bem tratado, por tua causa, e que minha alma viva graças à tua". Logo que Abrão chegou no Egito, os egípcios viram que sua mulher era muito bonita. Os grandes de Faraó a viram também, e exaltaram-na aos olhos de Faraó. E Sarai foi conduzida à casa de Faraó. Ele tratou bem a Abrão, por causa dela. Abrão recebeu ovelhas, bois, jumentos, criados e criadas, jumentas e camelos. Mas Deus feriu, com grandes pragas, a Faraó e à sua casa, por causa de Sarai, mulher de Abrão. Faraó chamou Abrão, e disse: "O que é que tu me fizeste? Por que não me disseste que era tua mulher? Porque disseste 'é minha irmã'? Tomei-a também por minha mulher. Agora, eis tua mulher, pega-a e vai embora". E Faraó deu ordens para que o levassem de volta, Abrão e sua mulher, com tudo o que lhes pertencia.

13

Abrão subiu do Egito para o Negebe, ele, sua mulher, e tudo o que lhe pertencia, e Lot com ele. Abrão era muito rico em gado, prata e ouro. Marchou do Negebe até Betel, ao lugar onde havia se estabelecido pela primeira vez, entre Betel e Ai, onde estava o altar que ele antes fizera. Lá, Abrão invocou o nome de Deus.

Lot, que viajava com Abrão, tinha também ovelhas, gado e tendas. E a terra não era suficiente para que permanecessem juntos, pois seus bens eram tão consideráveis que não podiam ficar num mesmo lugar. Houve disputas entre os pastores de Abrão e de Lot. Os cananeus e os perizeus habitavam então a terra. Abrão disse a Lot: "Que não haja nenhuma contenda, rogo-te, entre mim e ti, e entre meus pastores e os teus, pois somos irmãos. Toda a terra não está diante de ti? Separa-te então de mim: se tu vais à esquerda, eu vou à direita; se tu vais à direita, eu vou à esquerda". Lot levantou seus olhos e viu toda a planície do Jordão, toda ela regada. Antes de Deus destruir Sodoma e Gomorra, essa planície era, até Zoar, como um jardim do Eterno, como a terra do Egito. Lot escolheu para si toda a planície do Jordão, e rumou para o oriente. Foi assim que separaram-se um do outro. Abrão habitou a terra de Canaã, e Lot habitou as cidades da planície, armando suas tendas até Sodoma. E os homens de Sodoma eram maus, grandes pecadores.

Deus disse a Abrão, depois que Lot separou-se dele: "Levanta teus olhos, e, de onde estás, olha para o norte e para o sul, e para o oriente e para o ocidente. Pois toda a terra que enxergares, darei a ti e a teus descendentes, para sempre. Produzirei tua descendência como o pó da terra, de forma que, se alguém pode contar o pó da terra, tua descendência também será contada. Levanta-te e percorre a terra no seu comprimento e na sua largura, porque será tua".

Abrão levantou suas tendas e foi habitar junto aos carvalhos de Manre, ao lado de Hebrom. E lá ele construiu um altar para o Senhor.

14

No tempo de Anrafel, rei de Sinar, de Arioque, rei de Elasar, de Quedorlaomer, rei do Elão, e de Tidal, rei de Goiim, esses guerrearam com Bera, rei de Sodoma, com Birsa, rei de Gomorra, com Sinabe, rei de Admá, com Semeber, rei de Zeboim, e com o rei de Belá, chamado Zoar.

Estes últimos reuniram-se no vale de Sidim, que é o Mar Salgado. Durante doze anos, eles tinham se submetido a Quedorlaomer, mas revoltaram-se no décimo terceiro ano.

No décimo quarto ano, Quedorlaomer e os reis que estavam com ele puseram-se em marcha e assolaram os Refains, em Asterote-Carnaim, os Zuzins, em Hão, os Emins, em Savé-Quiriataim, e os Horeus, no seu monte de Seir, ao lado do carvalho de Parã, que está junto ao deserto. Depois, eles retornaram e foram a En-Mispate, que é Cades, e assolaram os Amalequitas em todo o seu território, bem como os Amorreus, habitantes de Hazazon-Tamar. Então avançaram o rei de Sodoma, o rei de Gomorra, o rei de Admá, o rei de Zeboim e o rei de Bela, que é Zoar, e juntos lutaram, no vale de Sidim, contra Quedorlaomer, rei do Elão, Tidal, rei de Goiim, Anrafel, rei de Sinar, e Arioque, rei de Elasar: quatro reis contra cinco.

O vale de Sidim estava repleto de poços de betume. O rei de Sodoma e o rei de Gomorra, ao fugirem, neles caíram. Os outros conseguiram escapar para a montanha. Os vencedores tomaram todas as riquezas e as provisões dos reis de Sodoma e Gomorra, e partiram. Levaram também, com os bens dele, Lot, filho do irmão de Abrão, que habitava em Sodoma, e partiram.

Um que escapara veio contar tudo a Abrão, o hebreu. Esse habitava junto aos carvalhos de Manre, o amorreu, irmão de Escol e Aner, os quais tinham feito aliança com Abrão. Assim que Abrão soube que seu irmão tornara-se prisioneiro, ele armou trezentos e dezoito dos seus mais bravos homens, nascidos em sua casa, e perseguiu os reis até Dã. Ele dividiu a tropa, para atacar à noite. Ele os assolou e os perseguiu até Hobá, que fica à esquerda de Damasco. Ele resgatou todas as riquezas e resgatou também Lot, seu irmão, com seus bens, e as mulheres e o povo.

Depois de Abrão retornar como vencedor de Quedorlaomer e dos reis que estavam com ele, o rei de Sodoma foi a seu encontro no vale de Savé, o vale do rei.

Melquisedeque, rei de Salem, trouxe pão e vinho, pois era sacerdote do Deus Altíssimo. Ele abençoou Abrão e disse: "Bendito seja Abrão pelo Deus Altíssimo, Senhor do céu e da terra! Bendito seja o Deus Altíssimo, que entregou teus inimigos em tuas mãos!" E Abrão deu-lhe o dízimo de tudo.

O rei de Sodoma disse a Abrão: "Dá para mim as pessoas e toma para ti as riquezas. Abrão respondeu ao rei de Sodoma: "Elevo minha mão ao Eterno, Deus Altíssimo, Senhor do céu e da terra. Não ficarei com nada do que é teu, nem mesmo um fio, nem um cordão de sapato, para que não digas: eu enriqueci a Abrão. Nada para mim! Somente aquilo que comeram os jovens, e a parte dos homens que marcharam comigo, Aner, Escol e Manre: eles tomarão a parte deles".

15

Depois desses acontecimentos, a palavra de Deus dirigiu-se a Abrão, numa visão, e disse: "Abrão, não temas, sou o teu escudo, e tua recompensa será grande". Abrão respondeu: "Senhor Deus, o que me darás? Morrerei sem filhos, e o herdeiro de minha casa é o damasceno Eliezer". E Abrão disse: "Como tu não me deste descendência, aquele que nasceu em minha casa será meu herdeiro".

Então a palavra de Deus assim dirigiu-se a ele: "Eliezer não será o teu herdeiro, pois teu herdeiro sairá de tuas entranhas". E conduziu-o para fora, e disse: "Olha para o céu e conta as estrelas, se fores capaz". E disse: "Tal será a tua descendência". Abrão confiou em Deus, que o considerou com justiça.

Deus disse ainda: "Sou o Eterno, aquele que te fez sair de Ur, na Caldéia, para dar-te essa terra". Abrão respondeu: Senhor Deus, como posso saber que a possuirei?" E Deus disse-lhe: "Pega uma novilha de três anos, uma cabra de três anos, um carneiro de três anos, uma rola e uma jovem pomba". Abrão apanhou todos esses animais, cortou-os ao meio e colocou cada pedaço um em frente do outro, mas não dividiu as aves. As aves de rapina lançavam-se sobre os cadáveres, e Abrão as expulsava.

No final da tarde, um sono profundo caiu sobre Abrão, e eis que um terror e trevas investiram sobre ele. E o Eterno disse a Abrão: "Fica sabendo que teus descendentes serão estrangeiros numa terra que não será deles. Eles serão escravizados e oprimidos por quatrocentos anos. Mas eu julgarei a nação à qual eles serão assujeitados, e logo eles serão libertados e terão muitas riquezas. Quanto a ti, tu retornarás em paz para os teus pais, serás sepultado depois de uma velhice feliz. Na quarta geração, eles voltarão aqui, pois a iniqüidade dos Amorreus ainda não alcançou seu auge". Quando o sol se pôs, houve uma escuridão profunda. Um calor fumegante e chamas passavam entre os animais partidos.

Naquele dia, o Eterno fez aliança com Abrão, e disse: "Dou essa terra a teus descendentes, desde o rio do Egito até o grande rio, o rio de Eufrates, a terra dos Queneus, dos Quenizeus, dos Cadmoneus, dos Heteus, dos Perizeus, dos Refaim, dos Amorreus, dos Cananeus, dos Girgaseus e dos Jebuseus".

16

Sarai, mulher de Abrão, não lhe havia dado nenhum filho. Ela tinha uma criada egípcia, chamada Agar. E Sarai disse a Abrão: "Eis que o Senhor me fez estéril. Vem, eu te peço, até minha criada. Talvez eu tenha, através dela, filhos". Abrão escutou Sarai. Então, Sarai, mulher de Abrão, tomou a egípcia Agar, sua criada, e deu-a por mulher a Abrão, seu marido, depois de Abrão ter habitado dez anos na terra de Canaã.

Abrão esteve com Agar e ela engravidou. Quando ela se viu grávida, olhou para sua senhora com desprezo. E Sarai disse a Abrão: "Caia sobre ti o ultraje que me foi feito. Pus minha escrava em teus braços e, quando percebeu-se grávida, ela olhou-me com desprezo. Que Deus seja juiz entre mim e ti". Abrão respondeu a Sarai: "Tua criada está em teu poder, age com ela como achares melhor". Então Sarai a maltratou, e Agar fugiu para longe de sua senhora.

O anjo do Senhor encontrou-a junto de uma fonte no deserto, a fonte que está no caminho de Sur. Ele disse: "Agar, criada de Sarai, de onde tu vens e para onde vais?" Ela respondeu: "Fujo para longe de minha senhora". O anjo disse-lhe: "Retorna para tua senhora e humilha-te diante dela". O anjo disse-lhe: "Multiplicarei tua descendência, e ela será tão numerosa que será impossível contá-la". O anjo disse-lhe: "Tu estás grávida e darás à luz um menino, e vais chamar-lhe Ismael, pois Deus escutou tua aflição. Ele será como um burro selvagem, sua mão se estenderá contra todos e a de todos contra ele, e ele habitará diante de todos os seus irmãos". Ela chamou Ata-El-Rói aquele que lhe havia falado, pois, disse ela: "Não vi nada aqui, depois que ele me viu?" Por isso, chamou-se àquele poço de "o poço Beer-Lai-Roi", e ele está entre Cades e Barede.

Agar deu um filho a Abrão, e Abrão deu a ele o nome de Ismael. Abrão tinha oitenta e seis anos quando Agar deu à luz Ismael.

17

Assim que Abrão completou noventa e nove anos, Deus apareceu a ele e disse: "Eu sou o Deus Todo-Poderoso. Marcha diante de meus olhos e sê íntegro. Estabelecerei uma aliança entre mim e ti, e multiplicar-te-ei ao infinito".

Abrão tombou diante dos olhos de Deus, e Deus falou-lhe isso: "Eis a minha aliança, que estabeleço contigo. Tu serás o pai de uma multidão de nações. Não serás mais chamado de Abrão, mas Abraão vai ser teu nome, pois faço-te pai de uma multidão de nações. Farei com que sejas infinitamente fértil. Farei nações a partir de ti – reis sairão de ti. Estabelecerei uma aliança entre nós, e entre mim e teus descendentes, segundo vossas gerações: será uma aliança perpétua, pela qual serei teu Deus e aquele da tua descendência. Eu te darei, e a teus descendentes, a terra que tu habitas como estrangeiro, toda a terra de Canaã, para sempre, e serei vosso Deus".

Deus disse a Abraão: "Tu guardarás minha aliança, tu e teus descendentes, segundo vossas gerações. Aqui está minha aliança, que tu guardarás entre mim e vós, e que tua descendência guardará depois de ti: todo varão entre vós será circuncidado. Vós vos circuncidareis, e este será um sinal da aliança entre mim e vós. Aos oito dias de idade, todo varão entre vós será circuncidado, segundo vossas gerações, seja ele nascido em casa, seja ele comprado com dinheiro de estrangeiros, sem ser de tua linhagem. Deverá ser circuncidado o que nasce na casa e o que é comprado, e minha aliança será uma aliança perpétua na vossa carne. Um varão não-circuncidado, que não houver sido circuncidado em sua carne, será banido do meio do povo: terá violado minha aliança".

Deus disse a Abraão: "Tu não darás mais a Sarai, tua mulher, o nome de Sarai. O nome dela será Sara. Eu a abençoarei, e te darei, dela, um filho. Eu a abençoarei e ela se tornará nações – reis se originarão dela". Abraão caiu diante da face de Deus, ele riu e disse de todo o coração: "Nascerá um filho de um homem de cem anos? E Sara, aos noventa anos, engravidará?" E Abraão disse a Deus: Oh! Que Ismael viva diante de ti!" Deus disse:

"Certamente, Sara, tua mulher, te dará um filho, e tu o chamarás pelo nome de Isaque. Estabelecerei minha aliança com ele como uma aliança perpétua para sua descendência depois dele. Com respeito a Ismael, tenho ouvido tuas preces. Eu o abençoarei, o tornarei fértil e o multiplicarei ao infinito. Ele vai gerar doze príncipes, e farei dele uma grande nação. Estabelecerei minha aliança com Isaque, que Sara dará à luz nessa mesma época, no próximo ano".

Logo que acabou de falar, Deus elevou-se acima de Abraão.

Abraão tomou Ismael, seu filho, todos aqueles que haviam nascido na sua casa e todos aqueles que ele tinha comprado, todos os varões entre as pessoas da sua casa, e os circuncidou nesse mesmo dia, segundo a ordem que Deus havia lhe dado. Abraão tinha noventa e nove anos, quando foi circuncidado. Ismael, seu filho, tinha treze anos, quando foi circuncidado. Nesse mesmo dia, Abraão foi circuncidado, como Ismael, seu filho. E todos os homens da sua casa, nascidos na sua casa ou comprados de estrangeiros, foram circuncidados com ele.

18

Abraão estava sentado diante de sua tenda, no calor do dia, e Deus apareceu-lhe entre os carvalhos de Manre. Levantando Abraão os olhos, eis que viu três homens de pé à sua frente. Quando os viu, correu da porta da tenda até eles, e prostrou-se até o chão. E disse: "Senhor, se alcancei graça a teus olhos, rogo-te que não passes longe de teu servo. Permiti que se traga um pouco de água, para que laveis vossos pés. E repousai sob essa árvore. Vou pegar um pedaço de pão a fim de vosso coração fortificar, e depois vós continuareis vossa caminhada, pois é por isso que passastes por perto de vosso servo". Eles responderam: "Faças como disseste".

Abraão foi imediatamente até a tenda e disse a Sara: "Amassa depressa três medidas de flor de farinha e faze bolos. E Abraão correu até seu gado, pegou um novilho jovem e tenro e deu a um criado, que tratou de prepará-lo. Pegou ainda nata e leite e, junto com o novilho preparado, colocou-os diante dos três homens. Ficou de pé, ao lado deles, entre as árvores, e eles comeram.

Então eles lhe disseram: "Onde está Sara, tua mulher?" Ele respondeu: "Está lá, na tenda". Um dentre eles disse: "Voltarei aqui para te procurar, nessa mesma época, e eis que Sara, tua mulher, terá um filho". Sara escutava à entrada da tenda, que estava atrás dele.

Abraão e Sara estavam velhos, em idade avançada, e Sara não podia mais ter filhos. Ela riu consigo mesma, dizendo: "Depois de velha, ainda terei eu desejos? Meu senhor também é velho". Deus disse a Abraão: "Por que Sara riu, dizendo 'será verdade que terei um filho, eu que sou velha?' Mas está Deus impedido de fazer coisas espantosas? No momento determinado, voltarei até ti, nessa mesma época, e Sara terá um filho". Sara mentiu, dizendo: "Eu não ri", pois teve medo. Mas o homem disse: "Ao contrário, tu riste".

Os homens levantaram-se, para partir, e olharam para os lados de Sodoma. Abraão foi para junto deles, a fim de lhes acompanhar.

Então, Deus disse: "Esconderei de Abraão o que vou fazer? ... Abraão se tornará, certamente, uma nação grande e poderosa, e nele serão abençoadas todas as nações da terra. Porque eu o escolhi, a fim de que ordene a seus filhos e a sua casa depois dele, para que observem o caminho do Senhor, praticando o certo e a justiça". Assim, Deus cumpriria, em favor de Abraão, as promessas feitas... E Deus disse: "O grito de Sodoma e Gomorra avolumou-se, e seu pecado é enorme. Por isso vou até lá, para ver se agem inteiramente conforme os sussurros que a mim têm chegado. Se não for o caso, saberei".

Os homens afastaram-se e foram para Sodoma. Abraão ainda estava atento a eles. Ele se aproximou e disse: "Farás tu perecer o justo com o injusto? Talvez haja cinqüenta justos dentro da cidade: tu farás eles perecerem igualmente? Não perdoarias à cidade, em nome dos cinqüenta justos que estão dentro dela? Fazer morrer o justo com o mau, de modo que o justo seja como o mau, longe de ti esta maneira de agir! Longe de ti! Aquele que julga toda a terra não exercerá a justiça?" E Deus disse: "Se eu encontrar em Sodoma cinqüenta justos, perdoarei a toda a cidade, por causa deles".

Abraão respondeu, dizendo: "Eis que ouso falar ao Senhor, eu que sou apenas pó e cinza. Talvez faltem cinco dos cinqüenta justos. Por causa de cinco, destruirás toda a cidade?" E Deus disse: "Não destruirei nada, se ali encontrar quarenta e cinco justos".

Abraão continuou a falar e disse: "Talvez ali haja quarenta justos". E Deus disse: "Por causa desses quarenta, nada farei à cidade".

Abraão disse: "Que o Senhor de forma alguma se irrite com minhas palavras. Talvez ali haja trinta justos". E Deus disse: "Não farei nada, se ali encontrar trinta justos".

Abraão disse: "Eis que ouso falar ao Senhor. Talvez ali haja vinte justos". E Deus disse: "Nada destruirei, em nome desses vinte".

Abraão disse: "Que o Senhor de forma alguma se irrite – não falarei mais que essa vez. Talvez ali haja dez justos". E Deus disse: "Não destruirei nada, em favor desses dez justos".

E o Eterno se foi, logo que terminou de falar a Abraão. E Abraão retornou depressa à casa.

19

Os dois anjos chegaram a Sodoma de tarde. Lot estava sentado na entrada da cidade. Quando os viu, levantou-se para ir até eles, e prostrou a face até o chão. Depois, disse: "Meus senhores, entrai, rogo-vos, na casa de seu servo, e passai a noite ali. Lavai vossos pés. De madrugada, levantareis e prosseguireis vosso caminho". Eles responderam: "Não, nós passaremos a noite na rua". Mas Lot insistiu tanto, que eles foram com ele e entraram na sua casa. Ele lhes serviu um banquete, assando pães ázimos. E eles comeram.

Ainda não tinham se deitado, quando os moradores da cidade, os moradores de Sodoma, cercaram a casa, desde as crianças até os velhos. Toda a população corria até lá. Eles chamaram Lot e disseram-lhe: "Onde estão os homens que entraram em tua casa essa noite? Faze com que saiam, para que os conheçamos. Lot saiu à porta da casa, e fechou-a atrás de si. Ele disse: "Meus amigos, rogo-lhes, não façam confusão. Eis que tenho duas filhas virgens. Eu as trarei para fora, e vocês farão com elas o que quiserem. Somente não façam nada a esses homens, porque eles vieram à sombra de meu telhado". Eles disseram: "Retira-te!" Disseram ainda: "Vieste como estrangeiro, e queres te fazer de juiz! Certo, faremos mais mal a ti do que a eles". E, empurrando Lot com violência, avançaram para arrombar a porta. Mas os anjos, estendendo as mãos, fizeram Lot entrar com eles dentro da casa, e fecharam a porta. E feriram de cegueira os que estavam do lado de fora da casa, do mais novo ao mais velho, de forma que esses cansaram de procurar a porta.

Eles disseram a Lot: "Que tens tu ainda aqui? Genros, filhos e filhas, e tudo o que te pertence na cidade, faça-os saírem de onde estão. Vamos destruir esse lugar, pois que os brados contra seus habitantes cresceram diante de Deus. Para destruí-lo, Deus nos enviou". Lot foi avisar a seus genros: "Levantai-vos, saí desse lugar, pois Deus vai destruir a cidade". Mas, aos olhos de seus genros, ele não parecia sério.

Desde a madrugada, os anjos insistiram com Lot, dizendo: "Levanta-te, toma tua mulher e tuas duas filhas que estão aqui, para que não venhas a perecer na ruína da cidade". E como ele tardava, os anjos pegaram-lhe pela mão, ele, sua mulher e suas duas filhas, pois Deus queria poupá-lo. Eles o levaram e deixaram do lado de fora da cidade.

Depois de lhes haver feito sair, um dos anjos disse: "Salva tua vida! Não olhes para trás e não interrompas tua marcha na planície, vai até a montanha, e lá estarás a salvo". Lot respondeu: Oh! Não, Senhor! Eis que obtive graça a teus olhos, e tu mostraste a grandeza de tua misericórdia, conservando-me a vida. Mas não poderei salvar-me na montanha, antes do desastre me alcançar, e assim perecerei. Eis aquela cidade, próxima o suficiente para que nela eu me refugie, e ela é pequena. Oh, que eu possa ali me salvar... não é ela pequena? ... e que minha alma viva!" E o anjo disse-lhe: "Dar-te-ei ainda essa graça, e não destruirei a cidade de que falas. Apressa-te, porque nada poderei fazer antes de tu chegares lá". É por isso que se chamou aquela cidade de Zoar.

O sol levantou-se sobre a terra, assim que Lot entrou em Zoar. Então Deus fez chover, sobre Sodoma e Gomorra, fogo e enxofre. Ele destruiu essas cidades, toda a planície e todos os habitantes das cidades, e as plantas da terra. A mulher de Lot olhou para trás e transformou-se numa estátua de sal.

Abraão levantou-se de madrugada, para ir ao lugar onde estivera na presença de Deus. Olhou para os lados de Sodoma e Gomorra, e para toda a planície, e viu elevar-se da terra uma fumaça, como a fumaça de uma fornalha.

Assim que Deus destruiu as cidades da planície, ele lembrou-se de Abraão e fez escapar Lot do meio do desastre, agitando as cidades em que Lot tinha se estabelecido.

Lot deixou Zoar e fixou-se na montanha, com suas duas filhas, pois teve medo de permanecer em Zoar. Ele habitou numa caverna, ele e suas duas filhas. A mais velha disse à mais moça: "Nosso pai está velho, e não há homem na terra que possa vir até nós, segundo o costume de todos os países. Vem, façamos nosso pai beber vinho, e deitemos com ele, a fim de que conservemos a descendência de nosso pai". Naquela noite, então, elas deram vinho a seu pai, e a mais velha foi dormir com ele: Lot não percebeu nem quando ela deitou nem quando levantou. No dia seguinte, a mais velha disse à mais nova: "Eis que dormi, na noite passada, com meu pai. Façamos ele beber vinho de novo essa noite, e vai tu dormir com ele, a fim de que nós conservemos a descendência de nosso pai". Elas deram vinho novamente a seu pai naquela noite, e a mais nova foi dormir com ele: Lot não percebeu nem quando ela deitou nem quando levantou. As duas filhas de Lot engravidaram de seu pai. A mais velha deu à luz um menino, que ela chamou de Moabe: é o pai dos Moabitas, até hoje. A mais nova teve também um menino, que chamou de Bem-Ami: é o pai dos Amonitas, até hoje.

20

Abraão partiu dali para a terra do Negebe, estabelecendo-se entre Cades e Sur, e fez uma parada em Gerar. Abraão dizia de Sara, sua mulher: "É minha irmã". Abimeleque, rei de Gerar, fez com que levassem Sara até ele. Então Deus apareceu em sonho a Abimeleque, durante a noite, e disse-lhe: "Eis que tu morrerás por causa da mulher que fizeste trazer para ti, pois ela tem um marido". Abimeleque, contrariado, respondeu: "Senhor, farás tu perecer mesmo uma nação justa? Não me falou ele: 'É minha irmã', e ela mesmo não falou: 'É meu irmão'? Agi com o coração puro e as mãos inocentes". Deus disse-lhe no sonho: "Eu sei que agiste com o coração puro, assim te impedi de pecar contra mim. Foi por isso que não permiti que a tocásseis. A partir de agora, devolve a mulher desse homem, pois ele é profeta. Ele rezará por ti e tu viverás. Mas, se tu não a devolveres, saiba que tu morrerás, tu e tudo mais que te pertence.

Abimeleque levantou-se de madrugada, chamou todos os seus criados e contou-lhes todas essas coisas. Essas pessoas foram tomadas de um grande terror. Abimeleque chamou também Abraão e disse-lhe: "O que foi que nos fizeste? Em que te ofendi, para que fizesses vir sobre mim e meu reino tão grande pecado? Tu cometeste, em relação a mim, atos que não deveriam ser praticados". E Abimeleque disse a Abraão: "Qual era a tua intenção ao agir dessa maneira?" Abraão respondeu: "Tive por certo, em meus pensamentos, que não se acreditaria de forma alguma em Deus nessa terra, e que me matariam por causa de minha mulher. Além disso, é verdade que ela é minha irmã, filha de meu pai. Só não é filha de minha mãe, e tornou-se minha mulher. Assim que Deus fez-me vagar para longe das terras de meu pai, eu disse a Sara: "Em todos os lugares para onde formos, dize de mim: 'É meu irmão'".

Abimeleque tomou ovelhas e gado, criados e criadas e deu-os a Abraão, e devolveu-lhe Sara, sua mulher. Abimeleque disse: "Minha terra está a tua disposição, fica o quanto desejar". E disse a Sara: "Dou a teu irmão mil peças em prata. Isto será um véu sobre os teus olhos, para todos que estão contigo, e diante de todos serás justificada".

Abraão rezou a Deus, e Deus curou Abimeleque, sua mulher e suas criadas, e elas puderam ter filhos. Pois Deus havia castigado com a esterilidade a casa de Abimeleque, por causa de Sara, mulher de Abraão.

21

Deus lembrou-se daquilo que havia dito a Sara, e Deus cumpriu sua promessa. Sara engravidou e, na sua velhice, deu a Abraão um filho, no tempo determinado, mencionado a ela por Deus. A seu filho que havia nascido, dado a ele por Sara, Abraão deu o nome de Isaque. Abraão circuncidou seu filho Isaque, aos oito dias de idade, como Deus lhe havia ordenado. Abraão tinha cem anos quando nasceu Isaque, seu filho. E Sara disse: Deus fez de mim um objeto de riso. Qualquer um que souber rirá de mim. Ela acrescentou: "Quem teria dito a Abraão: 'Sara terá filhos'? No entanto, dei a ele um filho, na velhice".

O menino cresceu e foi desmamado. E Abraão deu um grande banquete no dia em que Isaque foi desmamado. Sara viu rir o filho que Agar, a egípcia, tinha dado a Abraão. E ela disse a Abraão: "Expulsa essa criada e o filho dela, pois o filho dessa criada não herdará com meu filho, com Isaque". Essas palavras pareceram lastimáveis a Abraão, por causa de seu filho. Mas Deus disse a Abraão: "Que isso não te pareça desagradável, por causa da criança e da tua criada. Concede à Sara tudo o que ela te pedir, pois é de Isaque que sairá uma descendência própria de ti. Farei também uma nação do filho da tua criada, pois ele é tua descendência".

Abraão levantou-se de madrugada, tomou pão e um odre de água e deu-os a Agar, colocando-os sobre seus ombros. Devolveu a ela o menino e mandou-a embora. Ela partiu e errou pelo deserto de Beer-Seba. Quando a água do odre acabou, ela deixou o menino sob um arbusto e foi sentar-se à frente dele, à distância de um tiro de arco, pois ela disse: "Que eu não veja morrer meu menino!" Ela sentou-se à frente dele, levantou a voz e chorou. Deus ouviu a voz do menino, e o anjo do Senhor chamou do céu Agar, e disse-lhe: "Que tens tu, Agar? Não temas, pois Deus ouviu a voz do menino, de lá de onde está. Levanta-te, toma o menino e leva-o pela mão, pois farei dele uma grande nação". E Deus abriu os olhos dela, e ela viu um poço de água. Ela foi encher o odre de água, e deu de beber ao menino. Deus estava com o menino, que cresceu, habitou o deserto e tornou-se arqueiro. Ele morou no deserto de Parã, e sua mãe deu a ele uma mulher do Egito.

Naqueles tempos, Abimeleque, acompanhado de Ficol, chefe de seu exército, assim disse a Abraão: "Deus está contigo em tudo aquilo que fazes. Jura a mim, a partir de agora, pelo nome de Deus, que não enganarás nem a mim, nem a meus filhos, nem a meus netos, e que tu terás por mim e pela terra onde resides a mesma benevolência que tive contigo". Abraão disse: "Eu jurarei". Mas Abraão reclamou com Abimeleque a respeito de um poço de água, o qual tinha sido tomado à força pelos servos de Abimeleque. Abimeleque respondeu: "Ignoro quem tenha feito tal coisa. Nunca me disseste nada sobre isso, e eu só fico sabendo agora". Abraão pegou ovelhas e gado e deu-os a Abimeleque, e eles fizeram entre si uma aliança. Abraão separou sete ovelhas jovens. E Abimeleque disse a Abraão: "Que têm essas sete ovelhas que tu separaste?" Ele respondeu: "Tu aceitarás de minhas mãos essas sete ovelhas. Isso servirá de testemunho de que eu cavei esse poço". É por isso que chama-se esse lugar de Beer-Seba, pois foi lá que juraram um ao outro. Eles fizeram, portanto, aliança em Beer-Seba. Depois disso, Abimeleque levantou-se, com Ficol, chefe de seu exército, e eles retornaram à terra dos Filisteus. Abraão plantou tamarindeiras em Ber-Seba, e lá ele invocou o nome do Senhor, Deus da eternidade. Abraão andou durante muito tempo na terra dos filisteus.

22

Depois disso, Deus colocou Abraão à prova, e disse-lhe: Abraão! E ele respondeu: "Estou aqui!" Deus disse: "Toma teu filho, teu único, aquele que tu amas, Isaque. Vai à terra de Moriá, e lá oferece ele, em sacrifício, sobre uma das montanhas que te apontarei".

Abraão levantou-se de madrugada, encilhou seu jumento e tomou consigo dois criados e seu filho Isaque. Ele cortou lenha para o holocausto, e partiu para o lugar referido por Deus.

No terceiro dia, Abraão, levantando os olhos, viu o lugar de longe. E Abraão disse a seus criados: "Ficai aqui com o jumento. Eu e o menino iremos até lá para adorar, depois voltaremos para junto de vocês". Abraão tomou a lenha para o holocausto, carregou-a sobre seu filho Isaque, e levou na mão o fogo e o machado. E eles marcharam os dois juntos. Então Isaque, falando a Abraão, seu pai, disse: "Meu pai!" E ele respondeu: "Sim, meu filho!" Isaque perguntou: "Eis o fogo e a lenha, mas onde está o cordeiro para o holocausto?" Abraão respondeu: "Meu filho, Deus fornecerá ele mesmo o cordeiro para o holocausto". E eles marcharam os dois juntos.

Assim que chegaram ao lugar indicado por Deus, Abraão levantou um altar e arrumou a lenha. Ele amarrou seu filho Isaque, e colocou-o sobre o altar, em cima da lenha. Depois, Abraão estendeu a mão, e tomou o machado, para decapitar seu filho. Então, o anjo do Senhor o chamou dos céus e disse: "Abraão! Abraão!" E ele respondeu: "Estou aqui!" O anjo disse: "Não avances tua mão sobre o menino, e não lhe faças nada, pois sei agora que tu crês em Deus, e que tu não me recusaste teu filho, teu único". Abraão levantou os olhos, e viu, atrás de si, um carneiro preso numa moita pelos chifres. E Abraão foi pegar o carneiro e o ofereceu em sacrifício no lugar de seu filho. Abraão deu a esse lugar o nome de Jeová-Jiré. Por isso se diz hoje: na montanha do Senhor lhe será concedido.

O anjo do Senhor chamou Abraão pela segunda vez dos céus e disse: "Juro por mim mesmo, palavra de Deus! Porque fizeste isso, e não recusaste teu filho, teu único, eu te abençoarei e multiplicarei tua descendência, como as estrelas do céu e como a areia que está na beira do mar. Tua descendência dominará a porta dos teus inimigos. Todas as nações da terra serão abençoadas em tua descendência, porque obedeceste a minha voz".

Abraão retornou até seus criados. Eles levantaram e foram todos juntos até Beer-Seba, pois Abraão habitou em Beer-Seba.

Depois dessas coisas, relatou-se a Abraão o seguinte: "Eis que Milca também deu filhos a Naor, teu irmão. São eles Uz, o primogênito, Buz, seu irmão, Quemuel, pai de Arão, e Quesede, Hazo, Pildas, Jidlafe e Betuel. Betuel gerou a Rebeca. Esses são os oito filhos que Milca deu a Naor, irmão de Abraão. Sua concubina, chamada Reumá, também deu à luz Teba, Gaão, Taás e Maacá".

23

A vida de Sara foi de cento e vinte e sete anos: tais são os anos da vida de Sara.

Sara morreu em Quiriate-Arba, em Hebrom, na terra de Canaã. Abraão veio lamentar sua morte e chorar por ela. Abraão levantou-se da frente de sua defunta e falou assim aos filhos de Hete: "Sou estrangeiro e habito entre vocês. Dêem-me a posse de um sepulcro para enterrar minha finada e afastá-la de minha vista". Os filhos de Hete responderam a Abraão, dizendo: "Escuta-nos, senhor! Tu és um príncipe de Deus no meio de nós. Enterra tua defunta no sepulcro que mais gostares – nenhum de nós recusará seu sepulcro para que enterres tua defunta". Abraão levantou-se e prostrou-se diante do povo da terra, diante dos filhos de Hete. E ele lhes falou assim: "Se vós permitis que eu enterre minha defunta, afastando-a de minha vista, escutai-me, e intercedei por mim junto a Efrom, filho de Zoar, para que ele me empreste a cova de Macpela, que a ele pertence, no limite de seu campo. Que ele empreste ela a mim pelo seu devido preço, a fim de que ela me sirva de sepulcro entre vocês". Efrom estava no meio dos filhos de Hete. E Hefrom, o heteu, respondeu a Abraão, na presença dos filhos de Hete e de todos aqueles que entravam pela porta da cidade: "Não, senhor, escuta-me! Eu dou-te o campo, e dou-te a cova que há ali. Dou-os para ti, diante dos olhos dos filhos de meu povo: enterra tua defunta". Abraão prostrou-se diante do povo da terra. E ele assim falou a Efrom, diante do povo da terra: "Escuta-me, peço-te! Pagarei algo pelo campo. Aceita, e ali enterrarei minha defunta". E Efrom respondeu a Abraão, dizendo: "Senhor, escuta-me! Uma terra no valor de quatrocentos siclos de prata, que significa isso entre mim e ti? Enterra tua defunta". Abraão ouviu Efrom e Abraão calculou para Efrom a prata que ele tinha dito, na presença dos filhos de Hete, quatrocentos siclos de prata, no valor corrente entre os mercadores.

O campo de Efrom em Macpelá, diante de Manre, o campo e a cova que ali havia, e todas as árvores que estavam no campo e por todos os seus limites ao redor, vieram a ser, dessa forma, propriedade de Abraão, aos olhos dos filhos de Hete e de todos aqueles que entravam pela porta da sua cidade. Depois disso, Abraão enterrou Sara, sua mulher, na cova do campo de Macpelá, diante de Manre, que é Hebrom, nas terras de Canaã. O campo e a cova que ali havia pertenceram a Abraão como sepulcro, comprado dos filhos de Hete.

24

Abraão estava velho, em idade avançada, e Deus havia abençoado Abraão em todos os sentidos.

Abraão disse a seu criado, o mais antigo da casa, que administrava todos os seus bens: "Põe, eu te peço, tua mão debaixo de minha coxa, e eu te farei jurar por Deus, Senhor do céu e Senhor da terra, que não tomarás para meu filho uma mulher dentre as filhas dos Cananeus, entre os quais habito, mas que irás à minha terra, à minha pátria tomar uma mulher para meu filho Isaque". O criado respondeu-lhe: "Talvez a mulher não queira me seguir até aqui. Deverei eu levar teu filho até a terra de onde saíste?" Abraão disse-lhe: "Nem pense de lá levar meu filho! Deus, o Senhor do céu, que me fez sair da casa de meu pai e de minha pátria, que me falou e jurou, dizendo: 'Darei essa terra a teus descendentes', ele mesmo enviará seu anjo diante de ti. E assim tu tomarás uma mulher para meu filho. Se a mulher não quiser te seguir, tu estarás livre desse juramento. Só não levarás meu filho". O criado colocou sua mão sob a coxa de Abraão, seu senhor, e jurou a ele cumprir essas coisas.

O criado tomou dez camelos dentre os camelos do seu senhor e partiu, tendo à sua disposição todos os bens do seu senhor. Ele partiu e foi à Mesopotâmia, à cidade de Naor. Ele fez os camelos repousarem sobre os joelhos, fora da cidade, perto de um poço, durante a tarde, na hora em que apareciam aquelas que vinham buscar água. E ele disse: "Eterno, Deus de meu senhor Abraão, faça com que eu encontre hoje, eu te rogo, aquilo que procuro, e sê benevolente com meu senhor Abraão! Eis que detenho-me próximo da fonte, e as filhas dos moradores da cidade vão aparecer para pegar água. Que a jovem a quem eu disser: 'Abaixa o teu cântaro, eu te peço, para que eu beba', e que responder: 'Bebe, e eu darei de beber também a teus camelos', seja aquela que tu destinaste para teu servo Isaque! Dessa forma, saberei que tens boa vontade em relação a meu senhor".

Ele nem terminara de falar e surgiu, com seu cântaro sobre o ombro, Rebeca, filha de Betuel, filho de Milca, mulher de Naor, irmão de Abraão. Era uma jovem muito bonita. Era virgem e nenhum homem a tinha conhecido. Ela desceu ao poço, encheu seu cântaro e retornou. O criado correu diante dela e disse: "Deixa-me beber, eu te peço, um pouco da água de teu cântaro". Ela respondeu: "Beba, meu senhor". E ela apressou-se a baixar o cântaro, para dar-lhe de beber. Quando ele acabou, ela disse: "Pegarei água também para teus camelos, até que tenham bebido o suficiente". E ela apressou-se a esvaziar o cântaro no bebedouro e correu ao poço a buscar mais água. E deu água a todos os seus camelos.

O criado olhava-a espantado e sem nada dizer, para ver se Deus havia ou não tornado exitosa a sua viagem. Quando os camelos terminaram de beber, o criado deu a ela uma argola de ouro, pesando meio siclo, e dois braceletes, de dez siclos de ouro. E ele disse: "De quem és filha? Dize-me, eu te peço. Há, na casa de teu pai, um lugar onde eu possa passar a noite?" Ela respondeu: "Sou filha de Betuel, filho de Milca e Naor". Ela disse-lhe ainda: "Entre nós, há palha e forragem em abundância, e também um lugar para passar a noite". Então, o criado inclinou-se e prostrou-se diante de Deus, dizendo: "Bendito seja o Eterno, Deus de meu senhor Abraão, que não renunciou à sua misericórdia e fidelidade em relação a meu patrão. A mim mesmo, Deus conduziu à casa dos irmãos de meu senhor".

A jovem correu para contar essas coisas na casa de sua mãe.

Rebeca tinha um irmão, chamado Labão. E Labão correu até onde estava o criado, perto da fonte. Ele tinha visto a argola e os braceletes nas mãos de sua irmã, e tinha ouvido as palavras de Rebeca, sua irmã, que dizia: "Assim disse-me o homem". Ele foi então até o homem, que estava junto de seus camelos, perto do poço, e disse: "Venha, abençoado de Deus, porque permaneces do lado de fora? Preparei a casa e um lugar para teus camelos". O homem chegou à casa. Labão fez descarregarem os camelos, e deu palha e forragem para os camelos, e água para o homem lavar seus pés e os pés das pessoas que vinham com ele. Depois, deu-lhe de comer. Mas o homem disse:

"Eu não comerei nada antes de dizer o que devo".
"Fala!", disse Labão.

Então, ele disse: "Sou criado de Abraão. Deus cobriu meu senhor de bênçãos, e ele tornou-se poderoso. Ele lhe deu ovelhas e gado, prata e ouro, criados e criadas, camelos e jumentos. Sara, a mulher de meu senhor, deu, na sua velhice, um filho a meu senhor, e ele deu a esse filho todas as suas posses. Meu senhor me fez jurar, dizendo: 'Tu não tomarás para meu filho uma mulher dentre as filhas dos Cananeus, na terra dos quais eu habito, mas tu irás à casa de meu pai e da minha família tomar uma mulher para meu filho'. Eu disse a meu senhor: 'Talvez a mulher não queira seguir-me'. E ele me respondeu: 'Deus, diante de quem marchei, enviará seu anjo junto de ti, e fará exitosa a tua viagem. E tu tomarás para meu filho uma mulher da família e da casa de meu pai. Tu ficarás livre do juramento feito, quando tiveres chegado junto à minha família, caso não te concedam aquilo que buscas, tu serás livrado do juramento que fizeste a mim'. Cheguei hoje ao poço e disse: 'Eterno, Deus de meu senhor Abraão, se tens a bondade de tornar exitosa a viagem que faço, eis que fico junto a essa fonte, e que a moça que surgir, à qual eu disser, deixa-me beber, eu te peço, um pouco do teu cântaro, e que me responder, bebe tu mesmo, e buscarei água também para teus camelos, que essa jovem seja a mulher que Deus destinou ao filho de meu senhor!' Antes de terminar de dizer isso em meu coração, eis que Rebeca apareceu, com seu cântaro sobre o ombro. Ela desceu à fonte para buscar água. Eu lhe disse: "Dá-me de beber, eu te peço'. Ela se apressou e abaixou o cântaro de seu ombro, e ela disse: 'Bebe, e eu darei de beber também a teus camelos'. Eu bebi, e ela deu também de beber a meus camelos. Eu a interroguei: 'De quem tu és filha'? Ela respondeu: 'Sou filha de Betuel, filho de Naor e Milca'. Coloquei a argola em seu nariz e os braceletes em suas mãos. Depois, inclinei-me e prostrei-me diante de Deus e bendisse ao Eterno, Deus de meu senhor Abraão, que me conduziu fielmente, a fim de que eu tomasse a filha do irmão de meu senhor para seu filho. Agora, se vós tendes boa vontade em relação a meu senhor e sois fiéis a ele, dizei-me. Caso contrário, também dizei-me e, conforme vossa resposta, eu irei para a direita ou para a esquerda".

Labão e Betuel responderam e disseram: "É de Deus que vem isso tudo, nós não podemos falar-te nem contra nem a favor. Eis Rebeca diante de ti, toma-a e vai, e que ela seja a mulher do filho de teu senhor, conforme Deus disse". Assim que o criado de Abraão escutou suas palavras, prostrou-se ao chão, diante de Deus. E o criado apanhou objetos de prata, objetos de ouro, e vestidos que deu a Rebeca. E deu também presentes valiosos ao seu irmão e à sua mãe. Depois disso, eles beberam e comeram, o criado e as pessoas que tinham vindo com ele, e dormiram. De manhã, quando levantaram-se, disse o criado: "Deixai-me retornar até meu senhor". O irmão e a mãe disseram: "Que a jovem fique conosco algum tempo ainda, por uns dez dias, em seguida tu partirás". Ele lhes respondeu: "Não retardeis minha partida, pois Deus fez exitosa a minha viagem. Deixai-me partir e ir até meu senhor". Então eles responderam: "Chamemos a jovem, para consultá-la". Eles chamaram Rebeca, e disseram: "Queres ir com esse homem?" Ela respondeu: "Eu irei". E eles deixaram Rebeca, sua irmã, partir, e também sua ama, junto com o criado de Abraão e os que tinham vindo com ele. Eles abençoaram Rebeca e disseram-lhe: "Oh, nossa irmã, possa tu tornar-te milhares de miríades, e que tua descendência tenha poder sobre a porta de teus inimigos!" Rebeca levantou-se com suas criadas, elas montaram sobre os camelos e seguiram o homem. E o criado levou consigo Rebeca, e partiu.

Enquanto isso, Isaque tinha retornado do poço de Beer-Laai-Rói e habitava nas terras do sul. Uma noite em que Isaque tinha saído para meditar nos campos, levantou os olhos e viu; e eis que os camelos chegavam. Rebeca levantou também os olhos, viu Isaque e desceu de seu camelo. Ela disse ao criado: "Quem é esse homem, que vem pelos campos ao nosso encontro? E o criado respondeu: é meu senhor. Então ela pegou seu véu e cobriu-se. O criado contou a Isaque todas as coisas que tinha feito. Isaque levou Rebeca para a tenda de Sara, sua mãe. Ele tomou Rebeca, que tornou-se sua mulher, e a amou. Assim foi consolado Isaque, depois de ter perdido sua mãe.

25

Abraão tomou ainda uma mulher, chamada Quetura. Ela deu à luz Zinrã, Jocsã, Medã, Midiã, Isbaque e Suá. Jocsã gerou Seba e Dedã. Os filhos de Dedã foram Assurim, Letusim e Leumim. Os filhos de Midiã foram Efá, Efer, Hanoque, Abidá e Eldá. Foram esses todos os filhos de Quetura.

Abraão deu todos os seus bens a Isaque. Ele fez doações aos filhos de suas concubinas e, enquanto ainda vivia, ele os mandava para longe de seu filho Isaque, para os lados do oriente, para as terras do oriente.

Eis os dias de vida de Abraão: ele viveu cento e setenta e cinco anos. Abraão expirou e morreu, depois de uma velhice tranqüila, velho e satisfeito de seus dias, e ele foi recolhido junto de seu povo. Isaque e Ismael, seus filhos, enterraram-no na cova de Macpela, no campo de Efrom, filho de Zoar, o heteu, diante de Manre. Era o campo que Abraão havia adquirido dos filhos de Hete. Lá foram enterrados Abraão e Sara, sua mulher.

Depois da morte de Abraão, Deus abençoou Isaque, seu filho. Ele habitava junto aos poços de Beer-Laai-Rói.

Eis a descendência de Ismael, filho de Abraão, que Agar, a egípcia, criada de Sara, havia dado a Abraão.

Eis os nomes dos filhos de Ismael, pelos seus nomes, segundo suas gerações: Nebaiote, primogênito de Ismael, Quedar, Abdeel, Mibsão, Misma, Dumá, Massá, Hadade, Tema, Jetur, Nafis e Quedemá. Esses são os filhos de Ismael, segundo seus cercados e acampamentos. Eles foram os doze chefes de seus povos.

E eis os anos de vida de Ismael: cento e trinta e sete anos. Ele expirou e morreu. E ele foi recolhido para junto de seu povo. Seus filhos habitaram desde Havilá até Sur, que fica em frente do Egito, em direção à Assíria. Ele estabeleceu-se na presença de todos os seus irmãos.

Eis a descendência de Isaque, filho de Abraão.

Abraão gerou Isaque. Aos quarenta anos, Isaque tomou por mulher Rebeca, filha de Betuel, o arameu de Padã-Arã, e irmã de Labão, o arameu. Isaque orou muito a Deus, por sua mulher, pois ela era estéril, e Deus atendeu-o: Rebeca, sua mulher, ficou grávida. Os filhos lutavam no seu ventre, e ela disse: "Se é assim, por que fiquei eu grávida?" Ela foi consultar a Deus. E Deus disse-lhe: "Duas nações estão em teu ventre, e dois povos se separarão ao saírem de tuas entranhas. Um desses povos será mais forte que o outro, e o maior será dominado pelo menor". Os dias de sua gravidez terminaram, e eis que havia gêmeos em seu ventre. O primeiro saiu totalmente ruivo, como um manto de pêlo, e chamaram-lhe Esaú. Em seguida saiu seu irmão, cuja mão segurava o calcanhar de Esaú, e chamaram-lhe Jacó. Isaque tinha sessenta anos quando eles nasceram.

Essas crianças cresceram. Esaú tornou-se um caçador habilidoso, um homem do campo, mas Jacó foi um homem tranqüilo, que permanecia nas tendas. Isaque adorava Esaú, porque ele comia caça, e Rebeca amava Jacó.

Jacó havia feito uma sopa, quando Esaú retornou do campo, morto de cansaço. E Esaú disse a Jacó: "Deixa-me, eu te peço, comer desse vermelho, dessa comida vermelha, pois estou cansado. É por isso que deram a Esaú o nome de Edom. Jacó disse: "Vende-me, hoje, teu direito de progenitura. Esaú respondeu: "Eis que estou quase morto, de que me serve esse direito? E Jacó disse: "Jura para mim, agora. Ele jurou e vendeu seu direito de progenitura a Jacó. Então Jacó serviu pão e a sopa de lentilhas para Esaú. Ele comeu e bebeu, depois levantou-se e partiu. Foi assim que Esaú desprezou o direito de progenitura.

26

Houve fome na terra, outra além da primeira, ocorrida no tempo de Abraão, e Isaque foi até Abimeleque, rei dos Filisteus, que estava em Gerar.

Deus apareceu a ele e disse: "Não vás ao Egito, habita no país que eu te indicar. Permanece por aqui, estarei contigo e te abençoarei. Darei a ti todas essas terras, a ti e a teus descendentes, e manterei o juramento que fiz a Abraão, teu pai. Farei tua descendência tão numerosa quanto as estrelas do céu e darei a ela todas essas terras. E todas as nações serão abençoadas em tua descendência, pois Abraão obedeceu a mim, observou minhas ordens, meus preceitos, meus estatutos e minhas leis". E Isaque permaneceu em Gerar.

Quando as pessoas do lugar questionavam sobre sua mulher, ele dizia: "É minha irmã. Pois tinha medo de ser morto, caso dissesse que era sua mulher, pois Rebeca era muito bonita. Como a permanência de Isaque prolongou-se, aconteceu que Abimeleque, rei dos Filisteus, espiando pela janela, viu Isaque brincando com Rebeca, sua mulher. Abimeleque mandou chamar Isaque e disse: "Certamente, é tua mulher. Como pudeste dizer: 'É minha irmã'?" Isaque respondeu-lhe: "Falei isso porque tive medo de morrer por causa dela". E Abimeleque disse: "O que foi que nos fizeste? Facilmente, alguém do povo poderia dormir com tua mulher, e tu nos tornaria culpados". Então Abimeleque ordenou o seguinte para todo o povo: "Aquele que tocar nesse homem ou em sua mulher será levado à morte".

Isaque semeou naquela terra e, naquele ano, recolheu o cêntuplo, pois Deus o abençoou. Esse homem tornou-se rico, e foi enriquecendo cada vez mais, até tornar-se muito rico. Ele tinha rebanhos de diversos tipos de gado e um grande número de servos, por isso os Filisteus tiveram-lhe inveja. Todos os poços que haviam cavado os servos de seu pai, nos tempos de Abraão, seu pai, os Filisteus encheram de pó e de entulhos. E Abimeleque disse a Isaque: "Vai-te embora, pois tu és muito mais poderoso que nós". Isaque partiu e acampou no vale de Gerar, e lá se estabeleceu.

Isaque cavou novamente os poços de água feitos no tempo de seu pai, os quais tinham sido entulhados pelos Filisteus, depois da morte de Abraão. E ele lhes deu os mesmos nomes que seu pai havia escolhido. Os servos de Isaque cavaram então no vale e acharam um poço de águas vivas. E os pastores de Gerar disputaram com os pastores de Isaque, dizendo: "Essa água é nossa". E ele deu ao poço o nome de Eseque, porque tinham disputado consigo. Os servos cavaram um outro poço, a respeito do qual também houve briga: e ele o chamou de Sitna. Ele saiu dali e cavou um outro poço, pelo qual não houve mais disputa, e ele o chamou de Reobote, pois, disse ele, "Deus agora nos deu abundância e nós prosperaremos nessa terra".

Ele subiu para Beer-Seba. Deus apareceu-lhe durante a noite e disse: "Sou o Deus de Abraão, teu pai. Não tenhas medo, pois estou contigo. Eu te abençoarei e multiplicarei tua descendência, por causa de Abraão, meu servo". Isaque construiu lá um altar, invocou o nome de Senhor e montou sua tenda. E os servos de Isaque cavaram lá um poço.

Abimeleque veio a ele de Gerar, com Auzate, seu amigo, e Ficol, chefe do seu exército. Isaque disse-lhe: "Por que vêm os senhores até mim, tendo me odiado e mr mandado para longe? Eles responderam: "Vimos que Deus está contigo. Por isso, dissemos: 'Que haja um juramento entre nós, entre nós e ti', e que nós façamos uma aliança contigo! Jura que tu não nos farás mal, assim como nós não te maltratamos, só te fizemos o bem, e te deixamos partir em paz. Tu és agora o abençoado de Deus". Isaque serviu-lhes um banquete, e eles beberam e comeram. De madrugada, levantaram e ligaram-se um ao outro pelo juramento. Isaque despediu-se deles e eles o deixaram em paz.

Nesse mesmo dia, os servos de Isaque vieram falar-lhe do poço que tinham cavado: "Encontramos água". E ele chamou o poço de Seba. É por isso que chama-se a cidade de Beer-Seba, e até hoje.

Esaú, aos quarenta anos, tomou por mulheres Judite, filha de Beeri, o heteu, e Basemate, filha de Elom, o heteu. Elas foram um motivo de aflição para o coração de Isaque e de Rebeca.

27

Isaque envelheceu, e seus olhos estavam fracos a ponto dele não enxergar mais. Então ele chamou Esaú, seu filho mais velho, e disse-lhe: "Meu filho!" E ele respondeu: "Estou aqui!" Isaque disse: "Eis que estou velho, e não sei em que dia vou morrer. Sendo assim, peço-te que tome tuas armas, tua aljava e teu arco. Vai ao campo, e caça algo para mim. Faze para mim um prato saboroso e traze-o para que eu coma, a fim de que minha alma te abençoe antes de minha morte". Rebeca ouviu o que Isaque disse a Esaú, seu filho. E Esaú saiu para o campo, para apanhar caça e trazê-la.

Depois, Rebeca disse a Jacó, seu filho: "Eis que escutei teu pai. Ele assim falava a Esaú, teu irmão: 'Traze-me uma caça e faze-me um prato de comida, e eu te abençoarei diante do Senhor, antes de morrer'. Agora, meu filho, escuta-me a respeito do que deves fazer. Vai pegar, no rebanho, dois bons cabritos. Farei para o teu pai um prato muito saboroso, e tu o levarás ao teu pai, a fim de que ele te abençoe antes de morrer". Jacó respondeu a sua mãe: "Eis que Esaú, meu irmão, é peludo, e eu não tenho nada de pêlos. Talvez meu pai me toque, e serei visto por ele como um mentiroso, e farei vir sobre mim a maldição e não a bênção". Sua mãe disse-lhe: "Que essa maldição, meu filho, caia sobre mim! Escuta apenas o que digo e vá buscá-los". Jacó foi buscar os cabritos e levou-os para sua mãe, que fez para seu pai um prato delicioso. Em seguida, Rebeca pegou as vestes de Esaú, seu filho mais velho, as mais belas, que estavam na casa, e vestiu com elas Jacó, seu filho mais novo. Ela cobriu as mãos dele com o pêlo dos cabritos, e seu pescoço nu. E ela colocou nas mãos de Jacó, seu filho, a comida e o pão que havia preparado.

Ele foi até seu pai e disse: "Meu pai!" E Isaque disse: "Estou aqui! Quem és tu? Meu filho?" Jacó respondeu a seu pai: "Sou Esaú, teu filho mais velho. Fiz o que me disseste. Venha, peço-te, senta-te e come da minha caça, a fim de que tua alma me abençoe". Isaque disse a seu filho: "Como? Tu já a encontraste, meu filho!" E Jacó respondeu: "É que o Senhor, teu Deus, colocou-a diante de mim". Isaque disse a Jacó: "Aproxima-te então, e que eu te toque, meu filho, para saber se tu és meu filho Esaú, ou não". Jacó aproximou-se de Isaque, seu pai, que o tocou e disse: "A voz é a voz de Jacó, mas as mãos são as mãos de Esaú". Ele não o reconheceu, porque suas mãos estavam peludas, como as de Esaú, seu irmão, e ele o abençoou. Ele disse: "És tu que és meu filho Esaú?" E Jacó respondeu: "Sou eu". Isaque disse: "Serve-me, e que eu coma da caça de meu filho, a fim de que minha alma te abençoe". Jacó serviu-o, e ele comeu. Jacó trouxe também vinho, e ele bebeu.

Então Isaque, seu pai, disse-lhe: "Aproxima-te e beija-me, meu filho". Jacó aproximou-se e o beijou. Isaque sentiu o cheiro de suas vestes, depois o abençoou e disse:

"Eis que o cheiro de meu filho é como o cheiro do campo, que meu Senhor abençoou.

Que Deus te dê do orvalho do céu

E da riqueza da terra,

Do trigo e do vinho em abundância!

Que os povos te sejam submissos,

E que as nações se prostrem diante de ti!

Sê o senhor de teus irmãos,

E que os filhos de tua mãe se prostrem diante de ti!

Maldito seja o que te maldisser,

E bendito o que te abençoar".

Isaque terminava de abençoar Jacó, e Jacó recém deixava seu pai Isaque, quando Esaú, seu irmão, voltou da caçada. Ele fez também um prato de comida, que levou para o seu pai, e ele disse a seu pai: "Que meu pai venha comer a caça de teu filho, a fim de que tua alma me abençoe." Isaque, seu pai, disse-lhe: "Quem és tu?" E ele respondeu: "Sou teu filho mais velho, Esaú". Isaque foi tomado de uma grande, de uma violenta emoção, e disse: "Quem foi então que apanhou caça e me trouxe? Comi o suficiente, antes que tu viesses, e o abençoei. Por causa disso, ele será abençoado". Assim que Esaú ouviu as palavras de seu pai, lançou gritos pavorosos, cheios de aflição, e disse a seu pai: "Abençoa a mim também, meu pai!" Isaque disse: "Teu irmão veio com astúcia e roubou tua bênção". E ele disse: "Tu não reservaste nenhuma benção para mim?" Isaque respondeu a Esaú: "Eis que fiz dele o teu senhor, dei a ele todos seus irmãos por servos e concedi a ele trigo e vinho. Que posso agora fazer, meu filho?" Esaú disse a seu pai: "É a única bênção que possuis, meu pai? Abençoa a mim também, meu pai!" E Esaú levantou a voz e chorou! Isaque, seu pai, respondeu-lhe:

> "Tua casa será privada da riqueza da terra
> E do orvalho do céu, do alto.
> Viverás de tua espada,
> E tu serás submisso a teu irmão;
> Mas, errando livremente aqui e lá,
> Tu quebrarás o jugo sobre teu pescoço".

Esaú teve raiva de Jacó, por causa da bênção que seu pai havia dado a ele. E Esaú dizia em seu coração: "Os dias do luto de meu pai estão próximos, e eu matarei Jacó, meu irmão". Rebeca soube das palavras de Esaú, seu filho mais velho. Ela chamou então Jacó, seu filho mais novo, e disse-lhe: "Eis que Esaú, teu irmão, quer vingar-se de ti, matando-te. Agora, meu filho, escuta o que te digo: vai, foge para junto de Labão, meu irmão, em Harã. E fica junto com ele por um tempo, até que o furor de teu irmão se amenize, até que a cólera de teu irmão desvie-se de ti, e que ele esqueça o que fizeste a ele. Então farei com que voltes. Por que perderia eu vocês dois, no mesmo dia?"

Rebeca disse a Isaque: "Estou aborrecida da vida, por causa das filhas de Hete. Se Jacó tomar uma mulher como essas, entre as filhas de Hete, entre as filhas dessa terra, de que me servirá a vida?"

28

Isaque chamou Jacó, abençoou-o e ordenou-lhe o seguinte: "Não tomarás mulher entre as filhas dos cananeus. Levanta-te e vai a Padã-Arã, à casa de Betuel, pai de tua mãe, e toma lá uma mulher entre as filhas de Labão, irmão de tua mãe. Que o Deus Todo-Poderoso abençoe a ti, que faça-te fértil e te multiplique, a fim de que tu te tornes uma multidão de povos! Que ele te dê a bênção de Abraão, a ti e à tua descendência contigo, a fim de que tu possuas a terra na qual tu habitas como estrangeiro, e que ele deu a Abraão!" E Isaque despediu-se de Jacó, que foi a Padã-Arã, para junto de Labão, filho de Betuel, o Arameu, irmão de Rebeca, mãe de Jacó e Esaú.

Esaú viu que Isaque tinha abençoado Jacó, e que ele o havia enviado a Padã-Arã para lá tomar uma mulher, e que havia dito o seguinte: "Não tomarás mulher entre as filhas dos Cananeus". Ele viu que Jacó tinha obedecido a seu pai e a sua mãe, tendo partido para Padã-Arã. Esaú compreendeu assim que as filhas dos Cananeus aborreciam a Isaque, seu pai. E Esaú foi até Ismael. Ele tomou por mulher, além das que já tinha, Maalate, filha de Ismael, filho de Abraão, e irmã de Nabaiote.

Jacó partiu de Beer-Seba e foi a Harã. Tendo o sol se posto, parou em um lugar para passar a noite. Tomou uma pedra, fazendo dela seu travesseiro, e deitou-se. Ele teve um sonho. Eis que havia uma escada ligando o céu à terra. Eis que os anjos de Deus subiam e desciam por ela. Eis que o Senhor estava acima dela, e disse: "Sou o Eterno, Deus de Abraão, teu pai, e Deus de Isaque. Darei a ti e a tua descendência a terra sobre a qual tu dormes. Tua descendência será como o pó da terra. Tu te estenderás ao ocidente e ao oriente, ao norte e ao sul, e todas as famílias da terra serão abençoadas em ti e na tua descendência. Eis que estou contigo e te acompanharei por todos os caminhos, e te trarei de volta a essa terra, pois não te deixarei até que eu tenha executado aquilo que te digo.

Jacó despertou de seu sono e disse: "Certamente Deus está nesse lugar, e eu – eu não o sabia!" Ele teve medo e disse: "Esse lugar é tremendo! É aqui a casa de Deus, é aqui a porta dos céus!" E Jacó levantou-se de madrugada, pegou a pedra que fizera de travesseiro, e fez com ela um monumento, e derrubou azeite no alto dela. Ele deu a esse lugar o nome de Betel, mas a cidade antes se chamava Luz. Jacó fez um voto, dizendo: "Se Deus está comigo e me acompanha durante a viagem que faço, se ele me dá pão para comer e roupas para vestir, e se eu retorno em paz à casa de meu pai, então o Eterno será meu Deus. Esta pedra, da qual fiz um monumento, será a casa de Deus. E eu te darei o dízimo de tudo aquilo que me deres".

29

Jacó pôs-se em marcha até que chegou ao país dos filhos do oriente. Ele olhou, e eis que havia um poço no campo. Ao lado dele, três rebanhos de ovelhas descansavam, pois era o poço onde dava-se de beber às ovelhas. E a pedra sobre a abertura do poço era grande. Ajuntavam-se todos os rebanhos lá, empurrava-se a pedra de cima da abertura do poço, dava-se água às ovelhas e colocava-se a pedra de volta sobre a abertura do poço.

Jacó disse aos pastores: "Meus irmãos, de onde sois vós?" Eles responderam: "Nós somos de Harã". Ele lhes disse: "Conheceis a Labão, filho de Naor?" Eles responderam: "Nós o conhecemos". Ele lhes disse: "Está ele com boa saúde?" Eles responderam: "Ele está com boa saúde, e aí vem Raquel, sua filha, trazendo o rebanho". Ele disse: "É ainda alto dia, não está na hora de ajuntar os rebanhos. Dai de beber às ovelhas, depois fazei-as pastar". Eles responderam: "Nós não podemos, somente depois que todos os rebanhos forem ajuntados. É então que empurra-se a pedra de cima do poço e dá-se de beber às ovelhas".

Enquanto ele ainda falava, veio Raquel com o rebanho de seu pai, pois ela era pastora. Assim que Jacó viu Raquel, filha de Labão, irmão de sua mãe, e o rebanho, aproximou-se, empurrou a pedra de cima da abertura do poço e deu de beber às ovelhas. E Jacó beijou Raquel. Ele levantou a voz e chorou. Jacó contou a Raquel que era parente de seu pai, que era filho de Rebeca. Ela correu para anunciar aquilo a seu pai. Assim que Labão ouviu falar de Jacó, filho de sua irmã, correu até ele, abraçou-o e beijou-o, depois o levou para casa. Jacó contou a Labão todas essas coisas. E Labão disse a ele: "Certamente, tu és meu osso e minha carne".

Jacó ficou um mês na casa de Labão. Depois, Labão disse a Jacó: "Porque tu és meu irmão, terás de servir-me de graça? Diga-me qual será teu salário". Ora, Labão tinha duas filhas: a mais velha chamava-se Léia, a mais nova Raquel. Léia tinha olhos delicados, mas Raquel tinha um porte elegante e era bela. Jacó amava Raquel, e ele disse: "Servirei a ti por sete anos, se me deres Raquel, tua filha mais nova". E Labão disse: "Prefiro muito mais dá-la a ti do que a outro homem. Fica em minha casa!"

Assim, Jacó serviu durante sete anos por causa de Raquel, e esses anos passaram para ele como poucos dias, porque ele a amava. Em seguida, disse Jacó a Labão: "Dá-me minha mulher, pois o prazo está cumprido, e a tomarei como mulher. Labão reuniu todas as pessoas do lugar e deu um banquete. À noite, ele tomou Léia, sua filha, e levou-a para Jacó, que tomou-a. E Labão deu de criada para Léia, sua filha, Zilpa, sua própria criada.

No dia seguinte, eis que era Léia. Então Jacó disse a Labão: "O que me fizeste? Não foi por Raquel que te servi? Por que me enganaste?" Labão disse: "Não é o costume desse lugar dar a mais nova antes da mais velha. Fica por uma semana com a mais velha. Nós te daremos também a outra, em troca dos serviços que farás junto a mim por mais sete anos". Jacó fez assim, e passada a semana que esteve com Léia, Labão deu-lhe Raquel por mulher. E Labão deu de criada para Raquel, sua filha, Bila, sua própria criada.

Jacó esteve com Raquel, a quem ele amava mais que Léia. E ele serviu ainda a Labão por mais sete anos.

Deus viu que Léia não era amada, e ele a tornou fértil, enquanto Raquel era estéril. Léia ficou grávida e deu à luz um filho, a quem deu o nome de Rubem, e disse: "Deus percebeu minha humilhação, e agora meu marido vai me amar". Ela ficou outra vez grávida, e deu à luz um filho, e disse: "Deus percebeu que eu não era amada, e me deu também esse aqui". E ela deu a ele o nome de Simeão. Ela ficou ainda outra vez grávida, e deu à luz um filho, e disse: "Dessa vez, meu marido se unirá a mim, pois dei-lhe três filhos". Por isso, deu-se a ele o nome de Levi. Ela ficou novamente grávida, e deu à luz um filho, e disse: "Dessa vez, eu louvarei a Deus". Por isso, deu a ele o nome de Judá. E cessou de ter filhos.

30

Quando Raquel percebeu que não dava nenhum filho a Jacó, ficou com inveja de sua irmã, e disse a Jacó: "Dá-me filhos, ou morro!" Jacó inflamou-se de cólera contra Raquel e disse: "Estou eu no lugar de Deus, que te impediu de ser fértil?" Ela disse: "Eis minha criada Bila, vá ter com ela. Que ela dê à luz sobre meus joelhos e que por ela eu tenha filhos". E ela deu a ele, como mulher, Bila, sua criada, e Jacó a conheceu. Bila ficou grávida e deu um filho a Jacó. Raquel disse: "Deus fez-me justiça, ele ouviu minha voz, e ele me deu um filho". Por isso chamou-lhe Dã. Bila, criada de Raquel, ficou grávida mais uma vez, e deu a Jacó um segundo filho. Raquel disse: "Lutei divinamente contra minha irmã, e venci-a". E ela chamou-o de Naftali.

Léia, vendo que deixara de engravidar, tomou Zilpa, sua criada, e deu-a como mulher a Jacó. Zilpa, criada de Léia, deu um filho a Jacó. Léia disse: "Que felicidade!" E ela deu a ele o nome de Gade. Zilpa, criada de Léia, deu um segundo filho a

Jacó. Léia disse: "Sou feliz, pois as filhas me dirão afortunada!" E ela deu a ele o nome de Aser.

Nos dias da ceifa do trigo, Rubem saiu e encontrou mandrágoras no campo. Ele as deu para Léia, sua mãe. Então Raquel disse a Léia: "Dá para mim, peço-te, as mandrágoras de teu filho". Ela lhe respondeu: "É pouca coisa tu teres tomado meu marido? Queres ainda as mandrágoras de meu filho?" E Raquel disse: "Está bem! Ele dormirá contigo essa noite, em troca das mandrágoras de teu filho". De tardinha, quando Jacó retornava do campo, Léia foi ao seu encontro e disse: "É para mim que tu virás, pois te comprei com as mandrágoras de meu filho". E ele dormiu com ela naquela noite. Deus ouviu a prece de Léia, que ficou grávida, e deu um quinto filho a Jacó. Léia disse: "Deus deu-me meu pagamento, porque cedi minha criada a meu marido". E ela chamou ao filho Issacar. Léia ficou mais uma vez grávida, e deu um sexto filho a Jacó. Léia disse: "Deus deu-me um belo presente, desta vez, meu marido vai morar comigo, pois dei a ele seis filhos". E ela deu a ele o nome de Zebulom. Depois, ela teve uma filha, à qual deu o nome de Diná.

Deus lembrou-se de Raquel, atendeu seu pedido e tornou-a fértil. Ela ficou grávida e deu à luz um filho, e disse: "Deus removeu meu opróbrio". E ela deu a ele o nome de José, dizendo: "Que Deus me acrescente um outro filho!"

Assim que Raquel deu à luz José, Jacó disse a Labão: "Deixa-me partir, para que eu vá à minha casa, em minha terra. Dá-me as minhas mulheres e os meus filhos, pelos quais servi a ti". Labão disse-lhe: "Possa eu encontrar graça a teus olhos. Vejo bem que Deus abençoou-me por tua causa. Dize-me quanto queres de salário, e eu te darei". Jacó disse-lhe: "Sabes como te servi, e no que tornou-se o teu rebanho em minhas mãos, pois o pouco que tinhas antes da minha chegada cresceu bastante, e Deus te abençoou por intermédio de meus passos. Mas quando trabalharei também por minha própria casa?" Labão disse: "Que te darei eu?" E Jacó respondeu: "Não me darás nada. Se consentires com o que vou dizer-te, farei pastar ainda teu rebanho e cuidarei dele. Vou examinar, hoje, todo o teu rebanho, pondo de lado, entre as ovelhas, todo o cordeiro malhado e salpicado e todo o cordeiro escuro. Entre as cabras, tudo o que for salpicado e malhado. Este será meu salário. Minha honestidade responderá por mim no futuro, quando vieres conferir meu salário. Tudo que não for malhado e salpicado entre as cabras, e escuro entre os cordeiros, será de minha parte um roubo". Labão disse: "Pois bem, seja conforme o que tu dizes". Nesse mesmo dia, ele separou os bodes listrados e salpicados, todas as cabras malhadas e salpicadas, todas as que tinham manchas brancas, e tudo o que era escuro entre os cordeiros. Ele os entregou nas mãos de seus filhos. Depois, ele estabeleceu uma distância de três jornadas entre si e Jacó. E Jacó apascentava o restante do rebanho de Labão.

Jacó tomou ramos verdes de choupo, amendoeira e plátano, e neles descascou riscas brancas, descobrindo o branco que estava nos ramos. Depois, ele arranjou os ramos que havia descascado nos cochos dos animais, nos bebedouros, sob os olhares das ovelhas que vinham beber, para que elas se excitassem. As ovelhas emprenhavam junto aos ramos e geravam pequenos listrados, malhados e salpicados. Jacó separou os cordeiros e colocou junto tudo o que era listrado e escuro, fazendo para si também um rebanho e mantendo-o à parte do rebanho de Labão. Todas as vezes que as ovelhas fortes entravam no cio, Jacó dispunha os ramos nos cochos, à vista das ovelhas, para que elas concebessem junto aos ramos. Quando eram ovelhas fracas, ele não colocava os ramos, de modo que as fracas ficavam para Labão e as vigorosas para Jacó.

Esse homem tornou-se mais e mais rico, teve rebanhos em abundância, criadas e criados, camelos e jumentos.

31

Jacó ouviu as palavras dos filhos de Labão, que diziam: Jacó tomou tudo aquilo que era de nosso pai, e foi com os bens de nosso pai que ele adquiriu toda sua riqueza. Jacó reparou também no rosto de Labão, e eis que este não se dirigia a ele como antes.

Então, Deus disse a Jacó: "Retorna à terra de teus pais, ao lugar onde nasceste, e estarei contigo". Jacó chamou Raquel e Léia, que estavam no campo com seu rebanho. Ele lhes disse: "Vejo, pela expressão de vosso pai, que ele não é mais o mesmo em relação a mim. Mas o Deus de meu pai está comigo. Vós sabeis, vós mesmas, que servi vosso pai com todas as minhas forças. E vosso pai tem me enganado, mudando dez vezes o meu salário. Mas Deus não permitiu que ele me fizesse mal. Quando ele dizia: 'Os malhados serão teu salário', todas as ovelhas geravam pequenos malhados. E quando ele dizia: 'Os listrados serão teu salário', todas as ovelhas geravam pequenos listrados. Deus tomou o rebanho de vosso pai e deu-o a mim. Quando as ovelhas entravam no cio, levantei os olhos e vi, em sonho, que os bodes que cobriam as ovelhas eram listrados, malhados e salpicados. E o anjo do Senhor me disse no sonho: 'Jacó!' E eu respondi: 'Estou aqui!' Ele disse: 'Levanta os olhos e repara que todos os bodes cobrindo as ovelhas são listrados, malhados e salpicados, pois eu vi tudo aquilo que Labão fez contra ti. Sou o Deus de Betel, lugar onde ungiste um monumento, onde fizeste para mim um voto. Agora, levanta-te, sai dessa terra e retorna à terra onde nasceste'".

Raquel e Léia responderam, e disseram-lhe: "Temos nós ainda algum direito e uma herança na casa de nosso pai? Não somos vistas por ele como estrangeiras, depois que ele nos vendeu e que consumiu nosso preço? Toda a riqueza que Deus levou de nosso pai pertence a nós e a nossas crianças. Faça, pois, tudo o que Deus te disse".

Jacó levantou-se e fez montar seus filhos e suas mulheres sobre os camelos. Ele levou consigo todo o seu rebanho e todos os bens que possuía, o rebanho que lhe pertencia, o que tinha comprado em Padã-Arã, e foi na direção de Isaque, seu pai, à terra de Canaã. Tendo ido Labão tosar suas ovelhas, Raquel roubou os ídolos de seu pai. E Jacó enganou Labão, o arameu, não avisando-o da sua partida. Ele fugiu com tudo aquilo que lhe pertencia. Levantou-se, atravessou o rio e foi na direção da montanha de Gileade.

Ao terceiro dia, Labão foi avisado da fuga de Jacó. Chamou seus irmãos e perseguiu-o, marchando por sete dias, e chegou à montanha de Gileade. Mas Deus apareceu à noite, em sonho, a Labão, o Arameu, e disse-lhe: "Não ouses falar a Jacó, nem com boas e nem com más intenções. Labão alcançou logo a Jacó. Jacó tinha montado sua tenda na montanha. Labão montou também a sua, com seus irmãos, na montanha de Gileade.

Então Labão disse a Jacó: "Que fizeste? Por que me enganaste e levaste minhas filhas como se eu as prendesse à força? Por que partiste escondido, enganando-me e nada me contando? Teria me despedido de ti em meio a festejos e cantos, ao som do tamborim e da harpa. Não permitiste que eu me despedisse de meus filhos e filhas! Não tiveste sentimento. Minha mão é forte o suficiente para ferir-vos, mas o Deus de teu pai disse-me ontem: 'Não ouses falar a Jacó, nem com boas e nem com más intenções'. Se partiste por sentir saudades da casa de teu pai, por que roubaste meus deuses?"

Jacó respondeu, e disse a Labão: "Tinha medo ao pensar que talvez tu me tirasses tuas filhas. Mas morrerá aquele com quem encontram-se os teus deuses! Na presença de nossos irmãos, examina se há algo de teu comigo e toma-o". Jacó não sabia que Raquel os tinha roubado. Labão entrou na tenda de Jacó, na tenda de Léia, na tenda de dois criados e nada encontrou. Ele saiu da tenda de Léia e entrou na tenda de Raquel. Raquel tinha pego os ídolos, colocado-os sob a albarda do camelo e sentara-se em cima deles. Labão revistou toda a tenda, mas nada encontrou. Ela disse a seu pai: "Que o senhor não se irrite por não poder levantar-me diante de si, pois padeço do incômodo comum às mulheres". Ele procurou e não encontrou os ídolos.

Jacó irritou-se e discutiu com Labão. Ele tomou a palavra e disse-lhe: "Qual é o meu crime, qual é o meu pecado, por que me persegues com tanta fúria? Quando revistaste todas as minhas coisas, que foi que encontraste de teu? Traze-o aqui, diante de meus irmãos e de teus irmãos, e que eles se pronunciem a respeito. Já vão vinte anos que passei contigo. Tuas ovelhas e cabras nunca abortaram, e jamais comi os cordeiros do teu rebanho. Nunca levei a ti um animal despedaçado, eu mesmo pagava pelo dano. Tu me pedias contas sobre o que me roubavam de dia e o que me roubavam de noite. O calor me consumia durante o dia, o frio durante a noite, e o sono fugia dos meus olhos. Já vão vinte anos que passei em tua casa, quatorze anos eu te servi, por causa de tuas filhas, e seis anos por teu rebanho, e tu mudaste dez vezes o meu salário. Se eu não tivesse a meu lado o Deus de meu pai, o Deus de Abraão, aquele no qual crê Isaque, tu terias mandado-me embora sem nada. Deus viu o meu sofrimento e o trabalho de minhas mãos, e ontem pronunciou seu julgamento".

Labão disse a Jacó: "Esses filhos são meus filhos, essas crianças são minhas crianças, esse rebanho é meu rebanho, e tudo aquilo que vês é meu. E o que é que posso fazer hoje para minhas filhas, ou para as crianças que elas trouxeram ao mundo? Vem, façamos uma aliança, eu e tu, e que ela sirva de testemunha entre mim e ti!"

Jacó tomou uma pedra e fez com ela um monumento. Jacó disse a seus irmãos: "Ajuntai pedras". Eles pegaram pedras e fizeram uma pilha. E eles comeram sobre a pilha. Labão chamou-lhe Jegar-Saaduta, e Jacó chamou-lhe Galeede. Labão disse: "Que essa pilha sirva hoje de testemunha entre mim e ti!" Por isso, deu-se a ela o nome de Galeede. Também foi chamada de Mizpá, pois disse Labão: "Que Deus vigie a mim e a ti, quando nos perdermos de vista. Se maltratares minhas filhas e se tomares ainda outras mulheres, não será um homem que estará entre nós, toma cuidado – Deus é que será testemunha entre nós". Labão disse a Jacó: "Eis essa pilha, e eis esse monumento que elevei entre mim e ti. Que essa pilha seja testemunha e que esse monumento seja testemunha de que não ultrapassarei essa pilha em tua direção, e de que tu não ultrapassarás essa pilha e esse monumento em minha direção, para agir com maldade. Que o Deus de Abraão e de Naor, que o Deus do pai deles seja juiz entre nós". Jacó jurou por Aquele em que acreditava Isaque. Jacó ofereceu um sacrifício sobre a montanha e convidou seus irmãos para comer. Eles comeram e passaram a noite na montanha.

Labão levantou-se de madrugada, beijou seus filhos e filhas e os abençoou. Em seguida, partiu de volta para o seu lugar.

32

Jacó seguiu seu caminho, e os anjos de Deus reencontraram-no. E vendo-os, Jacó disse: "Esse é o campo de Deus". E ele deu ao lugar o nome de Maanaim.

Jacó enviou, à sua frente, mensageiros, para avisar Esaú, seu irmão, nas terras de Seir, no território de Edom. Ele lhes deu a seguinte ordem: "Eis o que dirão a meu senhor Esaú: 'Assim fala teu servo Jacó: Residi com Labão, e com ele fiquei até agora. Tenho gado, jumentos, ovelhas, criados e criadas, e mando anunciar isso a meu senhor, para encontrar graça a seus olhos'".

Os mensageiros retornaram para junto de Jacó, dizendo: "Fomos falar com teu irmão Esaú, e ele marcha ao teu encontro, com quatrocentos homens". Jacó ficou muito assustado e tomado de angústia. Ele dividiu em dois bandos as pessoas que estavam com ele, as ovelhas, o gado e os camelos, e ele disse: "Se Esaú vier contra um dos bandos e o destruir, o bando que restar poderá salvar-se".

Jacó disse: "Deus de meu pai Abraão, Deus de meu pai Isaque, Senhor, que me disse, 'retorna à terra onde nasceste e te farei o bem', sou muito pequeno em relação a todas as graças e a toda fidelidade com que tens tratado teu servo. Com meu cajado, atravessei esse Jordão, e agora divido-me em dois bandos. Livrai-me, peço-te, da mão de meu irmão, da mão de Esaú! Temo que ele venha, e que me destrua, e a mãe e os filhos. E tu, tu disseste: 'Farei o bem para ti, e tua descendência será como a areia do mar, tão abundante que será impossível contá-la'".

Ali Jacó passou a noite. Ele tomou aquilo que tinha à mão para dar de presente a Esaú, seu irmão: duzentas cabras e vinte bodes, duzentas ovelhas e vinte carneiros, trinta camelas e os filhotes que elas amamentavam, quarenta vacas e dez touros, vinte jumentas e dez jumentos. Ele enviou-os a seus criados, rebanho por rebanho, separadamente, e disse-lhes: "Vão na frente e estabeleçam um intervalo entre cada rebanho. Ele deu esta ordem ao primeiro: "Quando Esaú, meu irmão, te encontrar e perguntar, quem és tu, onde vais, a quem pertence esse rebanho, tu responderás: 'A teu servo Jacó, é um presente enviado a meu senhor Esaú, e eis vem ele mesmo atrás de nós'". Ele deu a mesma ordem ao segundo, ao terceiro, e a todos os que vinham atrás dos rebanhos:"Éé assim que vós falareis a meu senhor Esaú, quando o encontrardes. Vós direis: 'Eis que teu servo Jacó vem também atrás de nós'". Pois assim ele pensava: "Eu o apaziguarei com esse presente que vai diante de mim; em seguida, o verei face a face, e talvez me receba favoravelmente". O presente seguiu adiante e ele passou aquela noite no campo.

Levantou-se na mesma noite, tomou suas duas mulheres, suas duas criadas, seus onze filhos e atravessou o vau de Jaboque. Tomou-os, fez com que passassem a corrente e fez passar todos os seus bens.

Jacó estava só. Um homem lutava com ele, até o raiar do dia. Vendo que não podia vencê-lo, esse homem bateu-lhe na junta do quadril, e a perna de Jacó deslocou-se enquanto eles lutavam. O homem disse: "Deixa-me ir, pois já vem rompendo o dia". E Jacó respondeu: "Não te deixarei ir, enquanto não me abençoares". O homem disse: "Qual é o teu nome?" Ele respondeu: "Jacó". O homem disse ainda: "Teu nome não será mais Jacó. Tu serás chamado de Israel, pois lutaste com Deus e com os homens, e venceste". Jacó perguntou: "Deixai-me conhecer teu nome. Ele respondeu: "Por que perguntas pelo meu nome?" E ele o abençoou. Jacó deu àquele lugar o nome de Peniel, pois disse: "Vi Deus, face à face, e minha alma salvou-se". O sol nascia quando ele passou por Peniel. Jacó mancava da perna. Por isso, até hoje, os filhos de Israel não comem o nervo que fica na articulação do quadril, pois Deus feriu Jacó na articulação do quadril, no nervo.

33

Jacó levantou os olhos e eis que viu Esaú, acompanhado de quatrocentos homens. Ele dividiu seus filhos entre Léia, Raquel e as duas criadas. Ele colocou na frente as servas e seus filhos, depois Léia e os filhos dela, e por fim Raquel com José. Ele mesmo passou adiante de todos, e prostrou-se ao chão sete vezes, até chegar próximo de seu irmão. Esaú correu a seu encontro, abraçou-o, lançou-se-lhe ao pescoço e o beijou. E eles choraram.

Esaú levantou os olhos, viu as mulheres e os filhos e disse: "Quem são esses que tu trazes?" E Jacó respondeu: "São os filhos que Deus concedeu a teu servo". As criadas aproximaram-se, elas e seus filhos, e prostraram-se. Léia e seus filhos aproximaram-se também, e prostraram-se. Em seguida, José e Raquel aproximaram-se e prostraram-se. Esaú disse: "Por que tu envias todo esse bando que tenho encontrado?" E Jacó respondeu: "Para encontrar graça aos olhos de meu senhor". Esaú disse: "Tenho fartura, meu irmão. Guarda aquilo que é teu". E Jacó respondeu: "Não, peço-te. Se encontrei graça a teus olhos, aceita o presente que te trago. Tenho olhado para tua face como se fosse a face de Deus, e tu me acolheste bem. Aceita, pois, o presente que foi oferecido a ti, pois Deus tem me favorecido com muitas graças e nada me falta". Ele insistiu, e Esaú aceitou.

Esaú disse: "Vamos, coloquemo-nos a caminho, eu irei na frente de ti". Jacó respondeu-lhe: "Meu senhor, saiba que as crianças são sensíveis e que tenho ovelhas e vacas amamentando. Se forçarmos sua marcha, mesmo por um dia, todo o rebanho perecerá. Que meu senhor vá à frente de seu servo. Eu o seguirei lentamente, ao passo do rebanho que virá atrás de mim, e ao passo das crianças, até que o alcance, em Seir." Esaú disse: "Pelo menos deixarei contigo uma parte dos meus homens". E Jacó perguntou: "Por que isso? Basta que eu encontre graça aos olhos de meu senhor!" No mesmo dia, Esaú rumou para Seir.

Jacó partiu para Sucote. Construiu uma casa para si e tendas para seus rebanhos. Por isso, chamou-se a esse lugar Sucote.

Na volta de Padã-Arã, Jacó chegou em paz à cidade de Siquem, na terra de Canaã. Ele acampou em frente à cidade. Ele comprou, dos filhos de Hamor, pai de Siquem, o campo onde montou sua tenda, por cem peças de dinheiro. Lá, ele construiu um altar, ao qual chamou El-Eloé-Israel.

34

Diná, a filha que Léia tivera de Jacó, saiu para conhecer as filhas daquela terra. Ela foi vista por Siquem, filho de Hamor, o príncipe do país. Ele a tomou, deitou-se com ela e a desonrou. Ficou apaixonado por Diná, filha de Jacó. Ele amava a jovem e soube falar ao coração dela. E Siquem disse a Hamor, seu pai: "Dá-me essa jovem por mulher". Jacó soube que ele havia desonrado Diná, sua filha. Como seus filhos estavam no campo com os rebanhos, Jacó esperou pela volta deles em silêncio.

Hamor, pai de Siquem, saiu para falar com Jacó. E os filhos de Jacó retornavam do campo, quando souberam de tudo. Esses homens ficaram irritados e possuídos de cólera, porque Siquem havia cometido uma infâmia em Israel, dormindo com a filha de Jacó, o que não se devia fazer. Hanor assim lhes disse: "O coração de Siquem, meu filho, está preso à vossa filha. Dai-lha para ele, como mulher, peço-vos. Aliai-vos conosco. Vós nos dareis vossas filhas e tomareis para vós as nossas. Vós habitareis conosco, e a terra estará a vossa disposição. Ficai e negociai por aqui, e adquiri propriedades".

Siquem disse ao pai e aos irmãos de Diná: "Que eu encontre graça a vossos olhos, e darei a vós o que me pedirdes. Exigi de mim um belo dote e muitos presentes, e darei a vós o que me pedirdes, mas dai-me a jovem, como mulher". Os filhos de Jacó responderam e falaram com astúcia a Siquem e a Hamor, seu pai, porque Siquem havia desonrado Diná, sua irmã. Eles lhe disseram: "É algo que não podemos fazer, dar nossa irmã a um homem não-circuncidado, pois seria um opróbrio entre nós. Não consentiremos com vosso desejo, exceto se vos tornardes como nós, e se todo varão entre vós for circuncidado. Então daremos a vós nossas filhas, e tomaremos para nós as vossas. Habitaremos convosco e formaremos um único povo. Mas se não quiserdes nos ouvir e não vos circuncidardes, tomaremos nossa filha e iremos embora".

Suas palavras tiveram o assentimento de Hamor e de Siquem, filho de Hamor. O jovem não tardou em circuncidar-se, pois amava a filha de Jacó. Ele era honrado por todos na casa de seu pai.

Hamor e Siquem, seu filho, colocaram-se à porta de sua cidade, e assim falaram à sua gente: "Esses homens são pacíficos em relação a nós. Que fiquem e negociem por aqui, a terra é vasta. Tomaremos por mulher as filhas deles e daremos a eles as nossas. Mas esses homens não consentirão em morar conosco, para formar um único povo, a menos que todo homem entre nós seja circuncidado, como são eles mesmos. Seus rebanhos, seus bens e todo o seu gado não serão nossos? Basta que aceitemos sua condição, para que fiquem conosco".

Todos os que tinham vindo à porta da cidade escutaram Hamor e Siquem, seu filho. E todos os homens fizeram-se circuncidar, todos os que tinham ido até a porta da cidade. No terceiro dia, enquanto os homens sofriam, dois filhos de Jacó, Simeão e Levi, irmãos de Diná, pegaram cada qual sua espada, caíram sobre a vila, que se acreditava segura, e mataram todos os homens. Eles passaram também pelo fio da espada Hamor e Siquem, seu filho. Tomaram Diná da casa de Siquem e partiram. Os filhos de Jacó jogaram-se sobre os mortos e saquearam a cidade, porque haviam desonrado sua irmã. Eles tomaram seus rebanhos, seus bois e seus jumentos, o que estava na cidade e o que estava nos campos. Eles espoliaram todas as suas riquezas, seus filhos e mulheres, e tudo o que havia nas casas.

Então disse Jacó a Simeão e a Levi: "Vós criais problemas para mim, fazendo-me odioso aos habitantes da terra, aos Cananeus e aos Perizeus. Tenho apenas um reduzido número de homens, e eles se juntarão contra mim, me atacarão e serei destruído, eu e minha casa". Eles responderam: "Trataremos nossa irmã como uma prostituta?"

35

Deus disse a Jacó: "Levanta-te, vai a Betel e fica por lá. Tu construirás um altar para o Deus que te apareceu quando fugias de Esaú, teu irmão".

Jacó disse a todos que estavam com ele: "Destruí os deuses estrangeiros que estão com vós, purificai-vos e mudai vossas vestes. Iremos a Betel. Lá, construirei um altar ao Deus que me atendeu no dia da minha aflição, e que tem estado comigo durante a viagem que faço".

Eles deram a Jacó todos os deuses estrangeiros que tinham em suas mãos, e as argolas que tinham em suas orelhas. Jacó escondeu-os sob o terebinto que está junto a Siquem. Em seguida, partiram. O terror de Deus tomou conta das cidades que estavam ao seu redor, assim, não perseguiram aos filhos de Jacó. Chegaram, Jacó e todos os que estavam com ele, a Luz, que é Betel, na terra de Canaã. Ele construiu lá um altar, e chamou ao lugar El-Betel, pois foi lá que Deus revelou-se a ele, quando fugia de seu irmão.

Débora, ama de Rebeca, morreu, e foi enterrada ao pé de Betel, sob o carvalho ao qual se chamou carvalho de lágrimas.

Deus apareceu novamente a Jacó, quando ele voltou de Padã-Arã, e o abençoou. Deus disse-lhe: "Teu nome é Jacó. Mas tu não serás mais chamado de Jacó – teu nome será Israel. E ele lhe deu o nome de Israel. Deus disse-lhe: "Sou o Deus

Todo-Poderoso. Sê fecundo e multiplica-te. Uma nação e uma multidão de nações nascerão de ti, e os reis sairão dos teus lombos. Darei para ti a terra que dei a Abraão e a Isaque, e darei essa terra à tua descendência depois de ti."

Deus levantou-se diante dele, no lugar onde tinha lhe falado. E Jacó fez um monumento no lugar onde Deus tinha lhe falado, um monumento de pedras, sobre o qual ele fez uma libação e derrubou também azeite. Jacó deu o nome de Betel ao lugar onde Deus havia lhe falado.

Eles partiram de Betel, e havia ainda uma certa distância até Efrata, quando Raquel deu à luz. Ela teve um parto penoso. Enquanto sentia as dores, disse-lhe a parteira: "Não temas, pois tiveste um filho!" E como ela estava entregando a alma, pois morria, deu para ele o nome de Benoni. Mas o pai chamou-lhe Benjamim. Raquel morreu e foi enterrada no caminho de Efrata, que é Bete-Leém. Jacó erigiu um monumento sobre sua sepultura: é o monumento da sepultura de Raquel, que existe ainda hoje.

Israel partiu e montou sua tenda para lá de Migdal-Eder. Enquanto Israel morava nessa região, Rubem deitou-se com Bila, concubina de seu pai. E Israel soube.

Os filhos de Jacó eram doze.

Filhos de Léia: Rubem, o primogênito de Jacó, depois Simeão, Levi, Judá, Issacar e Zebulom.

Filhos de Raquel: José e Benjamim. Filhos de Bila, criada de Raquel: Dã e Naftali. Filhos de Zilpa, criada de Léia: Gade e Aser.

Esses são os filhos de Jacó, os quais nasceram em Padã-Arã.

Jacó foi até Isaque, seu pai, em Manre, em Quiriate-Arba, que é Hebrom, onde tinham vivido Abraão e Isaque.

Os dias de Isaque foram de cento e oitenta anos. Ele expirou e morreu, e foi recolhido para junto de seu povo, velho e cheio de dias. Esaú e Jacó, seus filhos, o enterraram.

36

Eis a descendência de Esaú, que é Edom. Esaú tomou suas mulheres entre as filhas de Canaã: Ada, filha de Elom, o heteu; Aolíbama, filha de Ana, filha de Zibeão, o heveu; Basemate, filha de Ismael, irmã de Nebaiote. Ada deu à luz Elifaz. Basemate deu à luz Reuel. Aolíbama deu à luz Jeús, Jalão e Corá. Esses são os filhos de Esaú, que nasceram-lhe na terra de Canaã. Esaú tomou suas mulheres, seus filhos e suas filhas, todas as pessoas de sua casa, seus rebanhos, todo o seu gado, e todos os bens que tinha adquirido na terra de Canaã, e foi para uma outra terra, para longe de Jacó, seu irmão. Pois suas riquezas eram demasiado abundantes para que permanecessem juntos, e a região na qual viviam não era suficiente para seus rebanhos. Esaú estabeleceu-se na montanha de Seir. Esaú é Edom.

Eis a descendência de Esaú, pai dos Edomeus, na montanha de Seir. Eis os nomes dos filhos de Esaú: Elifaz, filho de Ada, mulher de Esaú; Reuel, filho de Basemate, mulher de Esaú. Os filhos de Elifaz foram: Temã, Omar, Zefô, Gatã e Quenaz. E Timna era a concubina de Elifaz, filho de Esaú, e ela deu Amaleque a Elifaz. Esses são os filhos de Ada, mulher de Esaú. Eis os filhos de Reuel: Naate e Zerá, Sama e Mizá. Esses são os filhos de Basemate, mulher de Esaú. Eis os filhos de Aolíbama, filha de Ana, filha de Zibeão, mulher de Esaú: ela deu Jeús, Jalão e Corá a Esaú.

Eis os chefes gerados pelos filhos de Esaú. Eis os filhos de Elifaz, o primogênito de Esaú: o chefe Temã, o chefe Omar, o chefe Zefô, o chefe Quenaz, o chefe Corá, o chefe Gatã e o chefe Amaleque. Esses são os chefes gerados por Elifaz, na terra de Edom. Esses são os filhos de Ada. Eis os filhos de Reuel, filho de Esaú: o chefe Naate, o chefe Zerá, o chefe Sama e o chefe Mizá. Esses são os chefes gerados por Reuel na terra de Edom. Esses são os filhos de Basemate, mulher de Esaú. Eis os filhos de Aolíbama, mulher de Esaú: o chefe Jeús, o chefe Jalão e o chefe Corá. Esses são os chefes gerados por Aolíbama, filha de Ana, mulher de Esaú. Esses são os filhos de Esaú, e esses seus príncipes. Esaú é Edom.

Eis os filhos de Seir, o horeu, antigos moradores da terra: Lotã, Sobal, Zibeão, Anás, Disom, Eser e Disã. Esses são os chefes dos Horeus, filhos de Seir, na terra de Edom. Os filhos de Lotã foram: Hori e Hemã. A irmã de Lotã era Timna. Eis os filhos de Sobal: Alvã, Manaate, Ebal, Sefô e Onão. Eis os filhos de Zibeão: Aías e Anás. Foi este Anás que achou as fontes termais no deserto, quando apascentava os jumentos de Zibeão, seu pai. Eis os filhos de Ana: Disom e Aolíbama, filha de Ana. Eis os filhos de Disom: Hendã, Esbã, Itrã e Querã. Eis os filhos de Eser: Bilã, Zaavã e Acã. Eis os filhos de Disã: Uz e Arã.

Eis os chefes dos horeus: Lotã, Sobal, Zibeão, Anás, Disom, Eser e Disã. Esses são os chefes dos horeus, os chefes que governaram na terra de Seir.

Eis os reis que reinaram na terra de Edom, antes de alguém reinar sobre os filhos de Israel. Belá, filho de Beor, reinou em Edom, e o nome da sua cidade era Dinabá. Belá morreu, e Jobabe, filho de Zerá de Bozra, reinou em seu lugar. Jobabe morreu, e Husão, da terra dos temanitas, reinou em seu lugar. Husão morreu, e Hadade, filho de Bedade, reinou em seu lugar. Foi ele que feriu Midiã no campo de Moabe. O nome da sua cidade era Avite. Hadade morreu, e Sâmela, de Masreca, reinou em seu lugar. Sâmela morreu, e Saul, de Reobote, junto ao rio, reinou em seu lugar. Saul morreu, e Baal-Hanã, filho de Acbor, reinou em seu lugar. Baal-Hanã, filho de Acbor, morreu, e Hadar reinou em seu lugar. O nome de sua cidade era Paú. E o nome de sua mulher era Meetabel, filha de Matrede, filha de Me-Zaabe.

Eis os nomes dos chefes gerados por Esaú, segundo as suas famílias, segundo os seus lugares, pelos seus nomes: o chefe Timna, o chefe Alva, o chefe Jetete, o chefe Aolíbama, o chefe Elá, o chefe Pinom, o chefe Quenaz, o chefe Temã, o chefe Mibzar, o chefe Magdiel e o chefe Irão. Esses são os chefes de Edom, segundo estabeleceram-se na terra que possuíam. Esse é Esaú, pai dos Edomeus.

37

Jacó estabeleceu-se na terra de Canaã, onde havia morado seu pai.

Eis a descendência de Jacó.

José, aos dezessete anos, estava apascentando o rebanho com seus irmãos. O jovem andava junto dos filhos de Bilá e dos filhos de Zilpa, mulheres de seu pai. E José contava a seu pai as idéias maldosas deles. Israel amava José mais do que a todos seus outros filhos, porque o tinha gerado na velhice. E fez para ele uma túnica de muitas cores. Seus irmãos perceberam que seu pai o amava mais que a eles todos, e tiveram rancor. Não podiam falar com ele como amigos.

José teve um sonho e contou-o a seus irmãos, que o detestaram ainda mais. Ele lhes disse: "Escutai o sonho que tive! Estávamos no campo, amarrando feixes de trigos, e eis que o meu feixe levantou-se e ficou de pé, e os seus feixes rodearam-no e prostraram-se diante dele". Seus irmãos disseram: "Quer dizer que reinarás sobre nós? Quer dizer que nos governarás?" E eles então o odiaram, por causa dos seus sonhos e de suas palavras.

Ele teve ainda um outro sonho e contou-o a seus irmãos. Ele disse: "Tive mais um sonho! E eis que o sol, a lua e onze estrelas prostraram-se diante de mim". Ele o contou a seu pai e a seus irmãos. Seu pai o repreendeu, dizendo: "Que significa esse sonho que tiveste? Acaso viremos, eu, tua mãe e teus irmãos, prostrar-nos à terra, diante de ti?" Seus irmãos sentiram inveja dele, mas seu pai aguardava o desenrolar dessas coisas.

Tendo os irmãos de José ido a Siquem apascentar o rebanho de seu pai, Israel disse a José: "Não foram teus irmãos apascentar o rebanho em Siquem? Venha, quero enviar-te até eles". E ele respondeu: "Estou aqui!" Israel disse-lhe: "Vai, peço-te, e vê se teus irmãos estão com saúde e se o rebanho está bem, e tu me trarás as notícias". Ele o enviou então do vale de Hebrom, e José foi a Siquem. Um homem encontrou-o, quando ele errava pelos campos, e questionou-o, dizendo: "O que tu procuras?" José respondeu: "Procuro meus irmãos. Dize-me, eu te peço, onde foram apascentar seu rebanho". E o homem disse: "Foram a Dotã". José foi atrás de seus irmãos e encontrou-os em Dotã.

Eles o viram de longe e, antes que chegasse até eles, conspiraram entre si, para matá-lo. Diziam uns aos outros: "Eis que chega o sonhador. Vinde, pois, matemo-lo e joguemo-lo numa das cisternas. Diremos que um animal selvagem o devorou, e então veremos no que darão seus sonhos". Rubem ouviu aquilo e livrou-o das mãos deles. Ele disse: "Não tiremos a vida dele". Rubem disse-lhes: "Não derramai sangue. Jogai-o nessa cisterna do deserto e não fazei mais nada a ele". Ele planejava livrá-lo das mãos deles, a fim de que José pudesse retornar para junto de seu pai.

Assim que José chegou perto de seus irmãos, eles arrancaram sua túnica, a túnica colorida que ele vestia. Eles o seguraram e jogaram-no na cisterna. Aquela cisterna estava seca, sem nenhuma gota de água. Depois, sentaram-se, para comer. Ao longe, viram uma caravana de Ismaelitas vindo de Gileade. Seus camelos estavam cheios de fragrâncias, bálsamos e mirra, que eles transportavam para o Egito. Então Judá disse a seus irmãos: "Que ganharemos nós, matando nosso irmão e escondendo seu sangue? Vinde, vamos vendê-lo aos Ismaelitas, e não matemo-lo, pois é nosso irmão, nossa carne". E seus irmãos escutaram-no. Ao passarem os comerciantes Midianitas, eles puxaram José para fora da cisterna e venderam-no por vinte siclos de prata aos Ismaelitas, que levaram-no para o Egito.

Rubem retornou ao lugar da cisterna, e eis que Jacó não estava lá. Ele rasgou suas roupas, dirigiu-se a seus irmãos e disse: "O jovem não está mais lá! E eu, onde irei?" Eles tomaram então a túnica de José e, tendo matado um bode, molharam a túnica no sangue. Eles enviaram a seu pai a túnica colorida e a seguinte mensagem: "Eis o que encontramos! Vê se é a túnica de teu filho, ou não".

Jacó reconheceu-a e disse: "É a túnica de meu filho! Um animal selvagem o devorou! Arrancou-lhe os pedaços!" E ele rasgou suas roupas e colocou um saco sobre o lombo, carregando, durante longo tempo, o luto por seu filho. Todos os seus filhos e todas as suas filhas vinham consolar-lhe, mas ele não queria consolo algum. Ele dizia: "Chorando descerei para junto de meu filho, para a morada dos mortos! "E ele chorava seu filho.

Os Midianitas venderam-no, no Egito, a Potifar, oficial de Faraó, chefe do exército.

38

Naquele tempo, Judá afastou-se de seus irmãos, retirando-se para junto de um homem de Adulam, chamado Hira. Lá, Judá viu a filha de um cananeu, chamada Suá. Ele tomou-a como mulher e dormiu com ela. Ela engravidou e teve um filho, ao qual chamou Er. Ficou novamente grávida e teve um filho, ao qual chamou Onã. Ela teve ainda outro filho, ao qual chamou Selá. Judá estava em Quezibe, quando ela o teve.

Judá tomou para Er, seu primogênito, uma mulher chamada Tamar. Er, primogênito de Judá, pecava aos olhos de Deus. E Deus fez com que morresse. Então Judá disse a Onã: "Vai falar com a mulher de teu irmão, toma-a, como cunhado, e faz uma descendência para teu irmão". Onã, sabendo que aquela descendência não seria sua, derramava-se na terra sempre que deitava com a mulher de seu irmão, a fim de não dar descendência a seu irmão. Isso que ele fazia desagradava a Deus, que matou também a ele. Então Judá disse a Tamar, sua nora: "Vai morar, como viúva, na casa de teu pai, até que Selá, meu filho, seja maior". Ele falava assim por temer que Selá morresse como seus irmãos. Tamar foi-se e habitou na casa de seu pai.

Passaram-se os dias e morreu a filha de Suá, mulher de Judá. Assim que Judá consolou-se, subiu a Timnate, a fim de encontrar os tosquiadores de ovelhas, ele e seu amigo Hira, o Adulamita. Foi dito o seguinte a Tamar: "Eis o teu sogro, que vem a Timnate, tosar suas ovelhas". Então, ela tirou suas vestes de viúva, cobriu-se com um véu e sentou-se à entrada de Enaim, no caminho de Timnate, pois sabia que Selá era homem feito e que ela não tinha sido dada a ele como mulher.

Judá a viu e tomou-a por uma prostituta, porque estava com o rosto coberto. Ele a abordou e disse: "Deixa-me deitar contigo". Pois não reconheceu que era sua nora. Ela disse: "O que me darás para deitar comigo?" Eu te enviarei um cabrito de meu rebanho". Ela disse: "Poderias dar-me um penhor, até que o envies?" Ele respondeu: "Que penhor eu te daria?" Ela disse: "Teu sinete, tua corda e o cajado que trazes à mão". Ele os deu a ela. Depois, deitou-se com ela, e ela engravidou dele. Ela levantou-se e partiu. Ela tirou o véu e colocou novamente suas vestes de viúva.

Judá enviou o cabrito por seu amigo Adulamita, a fim de recuperar o penhor das mãos da mulher. Mas ele não a encontrou. Ele interrogou as pessoas do lugar, dizendo: "Onde está a prostituta que ficava no caminho de Enaim?" Eles diziam: "Não esteve aqui nenhuma prostituta". Ele retornou para junto de Judá e disse: "Eu não a encontrei. Mesmo as pessoas do lugar disseram: "Não esteve aqui nenhuma prostituta". Judá disse: "Que ela fique com o que tem! Não nos exponhamos ao desprezo. Eis que enviei o cabrito e tu não a encontraste".

Quase três meses depois, vieram dizer a Judá: "Tamar, tua nora, prostituiu-se e eis que até ficou grávida por causa da prostituição". E Judá disse: "Que seja escorraçada e queimada". Quando a levavam, ela mandou dizer a seu sogro: "É do homem a quem pertencem essas coisas que estou grávida. Reconheça, peço-te, de quem são esse sinete, essa corda e esse cajado". Judá reconheceu-os, e disse: "Ela é menos culpada que eu, pois não dei-lhe Selá, meu filho". E ele não a conheceu mais.

Quando estava no momento de dar à luz, eis que tinha gêmeos. Durante o parto, um deles estendeu a mão. A parteira tomou-a e prendeu a ela um fio vermelho, dizendo: "Esse saiu primeiro. Mas ele tirou a mão e seu irmão saiu. Então a parteira disse: "Que rompimento fizeste! E ela lhe chamou Párez. Em seguida saiu seu irmão, que tinha na mão o fio vermelho, e deu-se a ele o nome de Zerá.

39

José foi levado até o Egito. Potifar, oficial de Faraó, chefe do exército egípcio, comprou-o dos Ismaelitas que o tinham levado. Deus estava com ele e a prosperidade acompanhou-o: ele morava na casa de seu senhor, o egípcio. Seu senhor via que Deus estava com ele e que Deus fazia prosperar nas suas mãos tudo aquilo que ele empreendia. José encontrou graça aos olhos de seu senhor, que tomou-o como criado e trouxe-o para casa, a fim de que tomasse conta de tudo o que era seu. Desde que Potifar o tinha encarregado de toda a sua casa e de todos os seus bens, Deus abençoou a casa do egípcio, por causa de José. E a benção de Deus alcançou tudo o que lhe pertencia, tanto na casa como nos campos. Ele deixou nas mãos de José tudo o lhe pertencia, e não tinha mais preocupações. Ora, José tinha um porte bonito e um belo rosto.

Depois dessas coisas, aconteceu que a mulher de seu senhor pôs os olhos em José e disse: "Deita comigo!" Ele recusou e disse à mulher de seu senhor: "Eis que meu senhor não fiscaliza nada do meu trabalho e deixou em minhas mãos tudo o que lhe pertence. Ele não é maior que eu nessa casa e nada me proibiu, exceto a ti, pois és a mulher dele. Como poderei fazer um mal tão grande e pecar contra Deus?" Ainda que ela falasse com ele todos os dias, José recusava deitar com ela e estar com ela. Um dia, quando ele entrava na casa para fazer seu trabalho, estando todos os empregados fora, ela o puxou pelo manto e disse: "Deita comigo!" Ele a deixou com o manto na mão, e saiu para rua. Tendo ela visto que ele deixara seu manto com ela e fugira, chamou os empregados da casa e disse-lhes: "Vejam, meu marido nos trouxe um hebreu para que nos insultasse. Esse homem veio até mim querendo deitar-se comigo, mas gritei o mais que pude. E quando ele percebeu que eu levantava a voz e gritava, deixou seu manto ao meu lado e fugiu". E ela colocou o manto de José a seu lado, e deixou-o até que seu marido voltasse para casa. Então, ela falou assim a ele: "O escravo hebreu que tu nos trouxeste veio até mim para me insultar. E como elevei a voz e gritei, ele largou seu manto a meu lado e fugiu". Depois de escutar as palavras de sua mulher, que dizia, "veja o que me fez teu escravo!", o senhor de José inflamou-se de cólera. Ele pegou José e lançou-o na prisão, no lugar em que se encarceravam os prisioneiros do rei: ele ficou lá, na prisão.

Deus estava com José e estendeu sobre ele sua bondade, fazendo com que encontrasse graça aos olhos do carcereiro. O carcereiro incumbiu José da vigilância de todos os outros presos, e tudo o que acontecia na prisão dependia de José. O carcereiro nem tomava conhecimento das ações de José, pois Deus estava com José e tornava exitoso o que ele fazia.

40

Depois dessas coisas, aconteceu que o copeiro e o padeiro do rei do Egito ofenderam seu senhor, o rei do Egito. Faraó ficou indignado com esses oficiais, o chefe dos copeiros e o chefe dos padeiros. E ele os enviou para o capitão da guarda, na prisão, no lugar em que estava preso José. O capitão da guarda colocou-os sob a vigilância de José, que trabalhava próximo a eles. E eles passaram certo tempo na prisão.

Durante uma mesma noite, o copeiro e o padeiro do rei do Egito, que estavam na prisão, tiveram cada qual um sonho, os quais demandavam interpretações distintas. José, indo falar com eles de manhã, observou-os e eis que estavam tristes.

Então ele perguntou aos oficiais de Faraó, que estavam com ele na prisão de seu senhor, e ele lhes disse: "Por que vossos semblantes estão abatidos?" Eles responderam: "Tivemos um sonho, e ninguém pode explicá-lo". José disse-lhes: "Não é a Deus que pertencem as explicações? Contai-me, então, vosso sonho".

O chefe dos copeiros contou seu sonho a José, e disse-lhe: "No meu sonho, eis que havia uma cepa diante de mim. Essa cepa tinha três sarmentos. Ela cresceu e floresceu, e seus cachos deram uvas maduras. A taça de Faraó estava na minha mão. Tomei as uvas, amassei-as na taça de Faraó e entreguei a taça nas mãos de Faraó". José disse-lhe: "Esta é a explicação. Os três sarmentos são três dias. Dentro de três dias, Faraó levantará tua cabeça e restituirá teu cargo. Tu entregarás a taça nas mãos de Faraó, como costumavas fazer quando eras copeiro dele. Mas lembra-te de mim quando estiveres bem e mostra, peço-te, compaixão em relação a mim. Fala em meu favor a Faraó e faça com que eu seja libertado. Pois fui trazido da terra dos hebreus e, mesmo aqui, nada fiz para ser colocado na prisão".

O chefe dos padeiros, vendo que a interpretação dada por José era boa, disse: "Veja, no meu sonho, havia também três cestas de pão branco sobre minha cabeça. Na cesta mais elevada, havia para Faraó iguarias de todos os tipos, assadas para Faraó. E pássaros alimentavam-se na cesta logo acima da minha cabeça". José respondeu, e disse: "Esta é a explicação. As três cestas são três dias. Dentro de três dias, Faraó suspenderá tua cabeça e te prenderá num tronco, e os pássaros comerão tua carne.

No terceiro dia, no seu aniversário, Faraó deu um banquete para todos os servos. E ele distinguiu a cabeça do chefe dos copeiros e a do chefe dos padeiros no meio dos seus servos. Ele restabeleceu o chefe dos copeiros em seu antigo cargo, para que levasse a taça às mãos de Faraó. Mas enforcou o chefe dos padeiros, conforme a interpretação dada por José.

O chefe dos copeiros não pensou mais em José. Ele o esqueceu.

41

No final de dois anos, Faraó teve um sonho. Eis que ele estava de pé junto a um rio. E eis que sete vacas vistosas e gordas saíam do rio para pastar na pradaria. Outras sete vacas, feias e magras, saíam do rio atrás delas e ficavam a seu lado, na margem do rio. As vacas feias e magras devoraram as vacas vistosas e gordas, e Faraó despertou.

Ele voltou a dormir e teve um segundo sonho. Eis que sete espigas, grandes e belas, brotavam de um mesmo pé. E sete espigas pequenas, queimadas pelo vento do oriente, cresciam ao lado delas.

As espigas pequenas devoraram as sete espigas grandes e cheias, e Faraó despertou. Era sonho.

Pela manhã, Faraó tinha o espírito agitado e mandou chamar todos os magos e todos os sábios do Egito. Ele lhes contou seus sonhos. Mas ninguém soube explicá-los a Faraó.

Então, o chefe dos copeiros tomou a palavra e disse a Faraó: "Vou evocar hoje a lembrança da minha falta. Faraó havia se irritado com seus servos e havia me mandado para prisão, aos cuidados do capitão da guarda, eu e o chefe dos padeiros. Nós tivemos, um e outro, um sonho na mesma noite, e cada um de nós recebeu uma explicação relacionada ao sonho que tivera. Estava lá conosco um jovem hebreu, escravo do capitão da guarda. Contamos a ele nossos sonhos, e ele nos explicou-os. As coisas aconteceram segundo a explicação que ele tinha nos dado. Faraó restabeleceu-me no meu cargo e enforcou o chefe dos padeiros".

Faraó mandou chamar José. Tiraram-no às pressas da prisão. Ele barbeou-se, mudou de roupa e apresentou-se a Faraó. Faraó disse a José: "Tive um sonho. Ninguém pode-me explicá-lo. Soube que explicaste um sonho, depois de tê-lo ouvido". José respondeu a Faraó, dizendo: "Não sou eu! É Deus que dará um boa resposta a Faraó".

Faraó disse então a José: "No meu sonho, eis que eu estava de pé junto à margem de um rio. E eis que sete vacas gordas e vistosas saíam do rio e iam pastar na pradaria. Sete outras vacas saíram do rio depois delas, magras, muito feias e descarnadas: jamais vi tão feias em toda a terra do Egito. As vacas descarnadas e feias devoraram as sete primeiras vacas gordas. Elas as engoliam, sem que se percebesse como as vacas gordas iam parar em seu ventre, e sua aparência continuava feia, como era no início. E eu despertei. Sonhei ainda com sete espigas cheias e belas que brotavam de um mesmo pé. E com sete espigas ralas, magras, queimadas pelo vento do oriente, que cresciam junto daquelas. As espigas magras devoraram as sete belas espigas. Contei isso aos magos, mas ninguém soube me explicar nada".

José disse a Faraó: "Aquilo com que Faraó sonhou é uma única coisa. Deus mostrou a Faraó o que fará. As sete belas vacas são sete anos, e as sete belas espigas são sete anos: trata-se de um só sonho. As sete vacas descarnadas e feias, que saíram depois das primeiras, são sete anos. E as sete espigas ralas, queimadas pelo vento do oriente, são sete anos de fome. Assim, da forma como conto a Faraó, Deus mostrou a Faraó o que vai fazer. Eis que haverá sete anos de muita abundância, em todo o Egito. Sete anos de fome virão depois, e toda aquela abundância será esquecida, e a fome consumirá o país. A fome que virá será tão forte que não se perceberá nada da abundância da terra. Se Faraó viu o sonho repetir-se uma segunda vez, é que a coisa toda vem de Deus, e Deus se apressará em cumpri-la. Assim, escolha um homem sábio e inteligente para comandar a terra do Egito. Estabeleça comissários na terra, para que arrecadem um quinto das colheitas do Egito, durante os sete anos de abundância. Que eles ajuntem todos os produtos dos anos proveitosos que virão. Que eles façam, sob a ordem do Faraó, reservas de trigo e aprovisionamentos nas cidades, e que os vigiem. Essas provisões ficarão de reserva para o Egito, para os sete anos de fome que ocorrerão na terra do Egito, a fim de que o Egito não seja consumido pela fome".

Essas palavras satisfizeram a Faraó e a todos os seus servos. E Faraó disse a seus servos: "Encontraremos nós algum homem como esse, tendo nele o espírito de Deus?" E Faraó disse a José: "Porque Deus te fez conhecer todas essas coisas, não há ninguém que seja tão inteligente e tão sábio quanto tu. Colocarei sob o teu comando a minha casa, e todo o meu povo obedecerá tuas ordens. Somente o trono me elevará acima de ti". Faraó disse a José: "Dou a ti o comando sobre toda a terra do Egito". Faraó tirou da mão o seu anel e deu-o para José. Vestiu-o com vestes de fino linho e pôs-lhe um colar de ouro no pescoço. Ele fez com que José subisse no carro que seguia o seu, e gritava-se diante dele: "De joelhos!" Foi assim que Faraó deu-lhe o comando de toda a terra do Egito. Ele disse ainda a José: "Eu sou Faraó! Sem ti, ninguém levantará nem a mão nem os pés em todo o Egito".

Faraó deu a José o nome de Zafnate-Paneã, e deu-lhe por mulher Asenate, filha de Potífera, sacerdote de Om. E José partiu para visitar toda a terra do Egito. José tinha trinta anos quando apresentou-se diante de Faraó, rei do Egito. E ele deixou Faraó e percorreu toda a terra do Egito.

Durante os sete anos de fertilidade, a terra produziu abundantemente. José recolheu todos os produtos desses sete anos, na terra do Egito. Ele fez aprovisionamentos nas cidades, abastecendo cada uma delas com o que era produzido nos campos a seu redor. José ajuntou o trigo como areia do mar, em quantidade tão considerável que deixou-se de contá-lo, pois não havia mais número.

Antes dos anos de fome, Asenate, filha de Potífera, sacerdote de Om, deu a José dois filhos. José chamou ao primogênito Manassés, pois, disse ele: "Deus fez-me esquecer de todos os meus sofrimentos e de tudo na casa de meu pai". E ele deu ao segundo o nome de Efraim, pois, disse ele: "Deus tornou-me fértil na terra da minha aflição".

Os sete anos de abundância que houve na terra do Egito acabaram. E os sete anos de fome iniciaram, como José tinha previsto. Houve fome em todas as regiões, mas em toda a terra do Egito havia pão. Quando a terra do Egito sentiu também fome, o povo clamou a Faraó por pão. Faraó disse a todos os egípcios: "Ide até José e fazei o que ele disser". A fome tomava conta de toda a terra. José abria todos os depósitos e vendia trigo aos egípcios.

A fome aumentou na terra do Egito. De todas as partes vinham ao Egito para comprar o trigo de José, pois a fome prevalecia em todas as terras.

42

Jacó, vendo que havia trigo no Egito, disse a seus filhos: "Por que ficais olhando uns para os outros?" Ele disse: "Eis que ouvi dizer que há trigo no Egito. Descei até lá e comprai-o para nós, a fim de que sobrevivamos e não venhamos a morrer".

Dez irmãos de José desceram ao Egito, para comprar trigo. Jacó não enviou com eles Benjamin, irmão de José, por medo que lhe acontecesse qualquer desastre. Os filhos de Israel marchavam para comprar trigo entre outros que também iam, pois a fome chegara à terra de Canaã.

José comandava a terra, era ele quem vendia trigo a todo o povo da terra. Os irmãos de José vieram e prostraram-se até o chão diante dele. José viu seus irmãos e reconheceu-os, mas fingiu ser um estranho. Ele lhes falou duramente e disse: "De onde vindes?" Eles responderam: "Da terra de Canaã, para comprar mantimentos". José reconheceu seus irmãos, mas eles não o reconheceram.

José lembrou-se dos sonhos que tinha tido a respeito deles, e disse-lhes: "Vós sois espiões. Viestes para observar os pontos vulneráveis dessa terra". Eles lhe responderam: "Não, meu senhor.

Teus servos vieram para comprar trigo. Somos todos filhos de um mesmo homem. Somos sinceros, teus servos não são espiões". Ele lhes disse: "Nada disso. Viestes para observar os pontos vulneráveis da terra". Eles lhe responderam: "Nós, teus servos, somos doze irmãos, filhos de um mesmo homem da terra de Canaã. E eis que o mais novo está hoje com nosso pai, e há um que já não existe". José disse-lhes: "Tenho dito, sois espiões. Eis como provar! Pela vida de Faraó, não saireis daqui enquanto não vier até mim vosso irmão mais novo. Enviai um de vós para buscar vosso irmão, e o resto ficará aprisionado. Suas palavras serão postas à prova, e saberei se a verdade está com vós. Caso contrário, pela vida de Faraó, sois espiões!" E ele os enviou por três dias para prisão.

No terceiro dia, José disse-lhes: "Fazei o seguinte e vivereis. Eu temo a Deus! Se sois sinceros, que um de vossos irmãos fique na prisão. Mas ide vós. Levai o trigo para alimentar vossas famílias e trazei-me vosso irmão mais novo, a fim de que vossas palavras sejam confirmadas e que não morrais". Eles fizeram isso.

Eles então disseram uns aos outros: "Fomos culpados com relação a nosso irmão. Vimos a angústia de sua alma, quando ele nos rogava, e não o escutamos! Por causa disso, vem a nós essa aflição". Rubem, tomando a palavra, disse-lhes: "Não tinha vos dito para não cometerdes um crime contra essa criança? Mas não quisestes me ouvir.

E eis que seu sangue está sendo reclamado". Eles não sabiam que José os entendia, pois José falava com eles por meio de um intérprete. José afastou-se deles, para chorar. Ele voltou e falou a eles. Depois, tomou dentre eles Simeão e fez com que o aprisionassem diante deles.

José ordenou que lhes enchessem de trigo os sacos. Ele repôs o dinheiro de cada um dentro de seu saco e deu-lhes provisões para a viagem. Assim foi feito. Eles carregaram o trigo sobre seus jumentos e partiram.

Um deles abriu seu saco para dar forragem a seu jumento, no lugar em que passaram a noite, e ele viu o dinheiro que estava na boca do saco. Ele disse a seus irmãos: "Meu dinheiro foi devolvido, está aqui no meu saco". Então, o coração deles desfaleceu e disseram uns aos outros, trêmulos: "Que foi que Deus fez a nós?

Eles voltaram para junto de Jacó, seu pai, na terra de Canaã, e contaram a ele tudo o que lhes tinha acontecido. Eles disseram: "Aquele que é o senhor da terra falou-nos duramente e tomou-nos por espiões. Nós dissemos a ele: 'Somos sinceros, não somos espiões. Somos doze irmãos, filhos de nosso pai. Um já não existe, e o mais jovem está agora com nosso pai, na terra de Canaã'. E o senhor da terra falou a nós: 'Eis como saberei se sois sinceros. Deixai comigo um de vossos irmãos, levai trigo para alimentar vossas famílias e trazei a mim vosso irmão mais novo. Saberei assim que vós não sois espiões, que sois sinceros. Devolverei então vosso irmão, e podereis seguir livres pela terra'".

Assim que esvaziaram seus sacos, eis que o pacote de dinheiro de cada um estava em seu saco. Eles viram, eles e seu pai, seus pacotes de dinheiro, e tiveram medo.

Jacó, seu pai, disse-lhes: "Vós me privais de meus filhos! José não existe mais, Simeão não existe mais, e tomareis Benjamim! É sobre mim que tudo isso cai". Rubem disse a seu pai: "Tu matarás meus dois filhos se não te trouxer de volta Benjamim. Encarrega-me dele e o levarei". Jacó disse: "Meu filho não irá convosco, pois seu irmão está morto e só ele restou. Se acontecer com ele um desastre durante a viagem, vós fareis descer dolorosamente meus cabelos brancos à morada dos mortos".

43

A fome agravou-se na terra. Quando terminaram de comer o trigo que tinham trazido do Egito, Jacó disse a seus filhos: "Retornai e trazei-nos alguma comida". Judá respondeu-lhe: "Aquele homem fez-nos a seguinte declaração, formalmente: 'Não aparecei diante de mim, a menos que vosso irmão esteja convosco'. Portanto, se quiseres enviar nosso irmão conosco, nós desceremos e compraremos para ti alimentos. Mas se tu não quiseres enviá-lo, não desceremos, pois o homem nos disse: 'Não aparecei diante de mim, a menos que vosso irmão esteja convosco'." Israel disse então: "Por que me fizestes esse mal, dizendo a esse homem que tínheis ainda um irmão?" Eles responderam: "Esse homem interrogou-nos sobre nós e nossa família, dizendo: 'Vosso pai vive ainda? Tendes um irmão?' E nós respondemos a essas questões. Poderíamos saber que ele diria 'fazei vir vosso irmão'?"

Judá disse a Israel, seu pai: "Deixa que eu leve o menino, a fim de que possamos partir. E nós viveremos e evitaremos a morte, nós, tu e nossos filhos. Prestarei contas dele. Eu o trarei de volta por minhas próprias mãos. Se eu não o trouxer de volta para ti, se não o reconduzir diante de tua face, serei para sempre culpado em relação a ti. Se não tivéssemos nos demorado, certamente já teríamos retornado duas vezes". Israel, seu pai, disse-lhe: "Já que é preciso, faça assim. Enchei vossos sacos com os melhores produtos da terra, a fim de levar um presente a esse homem: um pouco de bálsamo, um pouco de mel, fragrâncias, mirra, pistaches e amêndoas. Levai o dobro do dinheiro e levai de volta o dinheiro que colocaram na boca de vossos sacos, talvez tenha acontecido algum engano. Tomai vosso irmão e o levai, voltai até esse homem. Que o Deus Todo-Poderoso faça com que encontreis graça diante desse homem, e que ele deixe retornar convosco vosso outro irmão e

Benjamim! E quanto a mim, se devo ser privado de meus filhos, que assim o seja!"

Eles pegaram o presente, pegaram o dobro de dinheiro e também Benjamim. Eles partiram e desceram ao Egito, e apresentaram-se a José.

Assim que José viu com eles Benjamim, disse a seu intendente: "Conduz essas pessoas para minha casa, mata algo e prepara, pois eles comerão comigo ao meio-dia". O homem fez o que José lhe ordenara e conduziu as pessoas à casa de José. Eles tiveram medo, quando foram conduzidos à casa de José, e disseram: "É por causa do dinheiro devolvido da outra vez nos nossos sacos que nos trazem aqui, para que possam se lançar, arremessar-se sobre nós, nos tomar como escravos e apoderar-se de nossos jumentos". Eles aproximaram-se do intendente da casa de José e falaram com ele, na entrada da casa. Eles disseram: "Senhor! Já viemos uma vez aqui, a fim de comprar mantimentos. Depois, quando chegamos ao lugar onde devíamos passar a noite, abrimos nossos sacos e eis que o dinheiro de cada um de nós estava na boca de nossos sacos. Nosso dinheiro pesado, nós o trazemos de volta. Trouxemos também outro dinheiro, para comprar mantimentos. Não sabemos quem colocou nosso dinheiro de volta em nossos sacos". O intendente respondeu: "Que a paz esteja convosco! Não temais. Foi o vosso Deus, o Deus de vosso pai, que colocou para vós um tesouro em vossos sacos. Vosso dinheiro chegou até mim". E ele trouxe até eles Simeão. O homem fez com que entrassem na casa de José, e deu-lhes água e eles lavaram os pés. Ele deu também forragem para os jumentos deles. Eles prepararam seu presente, sabendo que José chegaria ao meio-dia, pois haviam sido informados que comeriam com ele.

Quando José chegou em casa, eles lhe ofereceram o presente que tinham trazido, e eles prostraram-se até o chão diante dele. Ele perguntou como eles estavam e disse: "Vosso velho pai, do qual falastes, está com boa saúde? Vive ainda?" Eles responderam: "Teu servo, nosso pai, está com boa saúde, ele vive ainda". E eles inclinaram-se e prostraram-se. José levantou os olhos e, lançando um olhar sobre Benjamim, seu irmão, filho de sua mãe, disse: "É esse vosso irmão mais jovem, do qual haveis me falado?" E ele acrescentou: "Deus seja misericordioso contigo, meu filho!" Seu âmago perturbou-se por causa de seu irmão, e José teve necessidade de chorar. Ele precipitou-se para dentro do quarto e chorou. Depois de lavar o rosto, ele saiu e, fazendo esforços para se conter, disse: "Servi a comida".

Serviu-se José à parte, e seus irmãos à parte. Os Egípcios que comiam com ele foram também servidos à parte, pois os egípcios não podiam comer com os Hebreus, porquanto isso é uma abominação aos Egípcios. Os irmãos de José sentaram-se diante dele, o primogênito segundo seu direito de progenitura, o mais jovem segundo sua menoridade.

E eles olhavam-se com espanto. José fez com que servissem-lhes as porções que estavam diante dele, e Benjamim teve cinco vezes mais que os outros. Eles beberam e divertiram-se com ele.

44

José deu a seguinte ordem ao intendente de sua casa: "Enche de mantimentos os sacos dessas pessoas, tanto quanto puderem carregar, e põe o dinheiro de cada um na boca de seu saco. Põe também minha taça, a taça de prata, no saco do mais jovem, com o dinheiro do seu trigo. O intendente fez o que José lhe tinha ordenado.

De manhã, logo que amanheceu, despediram as pessoas com seus jumentos. Eles tinham saído da cidade e não estavam muito longe, quando José disse a seu intendente: "Vai atrás dessa gente. Quando os alcançar, dize a eles: 'Por que pagaste o bem com o mal? Não tendes a taça na qual bebe meu senhor, e da qual se serve para adivinhar? Fizestes mal agindo dessa maneira'". O intendente os alcançou e disse-lhes essas mesmas palavras. Eles lhe responderam: "Por que, meu senhor, falas dessa maneira? Deus livre teus servos de terem cometido um tal ato! Eis que te trouxemos de Canaã o dinheiro que encontramos em nossos sacos. Por que teríamos roubado prata ou ouro na casa de teu senhor? Que aquele, dentre os teus servos, com quem se achar a taça morra, e que sejamos nós mesmos escravos de teu senhor!" Ele disse: "Que seja segundo vossas palavras! Aquele com quem estiver a taça será meu escravo. E vós, vós sereis inocentes". Imediatamente, cada qual desceu seu saco até o chão, e cada qual abriu seu saco. O intendente os revistou, começando pelo mais velho e terminando pelo mais novo, e a taça foi encontrada no saco de Benjamim.

Eles rasgaram suas vestes, cada qual recarregou seu jumento e eles retornaram à cidade. Judá e seus irmãos chegaram à casa de José, onde ele esperava, e se prostraram no chão diante dele. José disse-lhes: "Que foi que fizestes? Não sabeis que um homem como eu tem o poder de adivinhar?" Judá respondeu: "Que diremos a nosso senhor? Como falaremos? Como nos justificar? Deus descobriu a iniqüidade de teus servos. Somos escravos de meu senhor, nós e aquele com quem estava a taça". E José disse: Deus me livre de fazer isso! O homem com quem a taça foi encontrada será meu escravo, mas, quanto a vós, voltai em paz para vosso pai".

Então Judá aproximou-se de José e disse: "Permita, meu senhor, que teu servo possa dirigir uma palavra a meu senhor, e que tua cólera não se inflame contra teu servo! Pois tu és como Faraó. Meu senhor interrogou seus servos, dizendo: 'Tendes um pai, ou irmão?' Nós respondemos: 'Temos um velho pai e um jovem irmão, filho da velhice dele. Esse jovem tem um irmão que está morto. Eram filhos da mesma mãe. Restou só ele e seu pai o ama'. Tu disseste a teus servos: 'Fazei com que venha até mim, para que o veja com meus próprios olhos'. Nós respondemos a meu senhor: 'O menino não pode deixar seu pai – se ele o deixar, seu pai morrerá'. Tu disseste a teus servos: 'Se vosso jovem irmão não vier convosco, não vereis a minha face'. Logo que tornamos para junto de teu servo, meu pai, contamos a ele as palavras de meu senhor. Nosso pai disse: 'Retornai e comprai-nos algum mantimento'. Nós respondemos a ele: 'Não podemos retornar. Mas se nosso jovem irmão estiver conosco, então desceremos, pois não podemos ver a face desse homem, a menos que nosso jovem irmão esteja conosco'. Teu servo, nosso pai, disse-nos: 'Sabeis que minha mulher me deu dois filhos. Um deles, indo para longe de mim, foi sem dúvida dilacerado, pois nunca mais soube dele. Se vós tomardes ainda esse aqui, e se lhe sobrevier qualquer desgraça, fareis descer dolorosamente meus cabelos brancos à morada dos mortos'. Agora, se eu retorno a teu servo, meu pai, sem ter comigo o menino, com cuja alma a alma dele está ligada, ele morrerá, vendo que o menino já não existe. E teus servos farão descer dolorosamente, à casa dos mortos, os cabelos brancos de teu servo, nosso pai. Pois teu servo respondeu pelo menino, dizendo a seu pai: 'Se eu não o trouxer de volta para ti, serei para sempre culpado diante de meu pai'. Permita, pois, peço-te, que teu servo substitua o menino como escravo de meu senhor. E que o menino volte com seus irmãos. Como poderia retornar para junto de meu pai, se o menino não vai comigo? Ah! Que eu não veja a aflição de meu pai!"

45

José não podia mais conter-se diante daqueles que o cercavam. Ele gritou: "Fazei sair todos". E não ficou ninguém com José, quando ele revelou-se a seus irmãos. Ele levantou a voz, chorando. Os Egípcios ouviram-no e a casa de Faraó também.

José disse a seus irmãos: "Sou José! Vive meu pai ainda?" Mas seus irmãos não podiam responder-lhe, pois estavam pasmos diante dele. José disse a seus irmãos: "Aproximai-vos de mim". Eles aproximaram-se. Ele disse: "Sou José, vosso irmão, que vós vendestes, para que fosse levado ao Egito. Agora, não fiqueis mais aflitos e nem vos aborreçais por ter me vendido para que eu fosse trazido até aqui. Foi para salvar vossa vida que Deus enviou-me antes de vocês. Já fazem dois anos que há fome no país, e ainda durante cinco anos não haverá trabalho nem colheita. Deus enviou-me antes de vós para fazer com que sobrevivêsseis na terra, e para que vivêsseis por uma grande redenção. Não fostes, portanto, vós que me enviastes para cá, mas Deus. Ele fez de mim o pai de Faraó, mestre de toda a sua casa e governante de toda a terra do Egito. Apressai-vos em voltar para junto de meu pai, e vós lhe direis: 'Assim falou teu filho José: Deus fez de mim senhor de todo Egito. Desça até mim, não demores. Tu habitarás da terra de Gósem, e estarás próximo de mim, tu, teus filhos, e os filhos de teus filhos, tuas ovelhas e tuas reses, e tudo mais que te pertencer. Lá, eu te sustentarei, pois ainda virão cinco anos de fome. Assim, tu não perecerás, tu, tua casa e tudo mais que é teu. Que vossos olhos e os olhos de meu irmão Benjamim vejam que sou eu mesmo que vos falo'. Contem para meu pai toda a minha glória no Egito, e tudo o que vistes, e depressa fazei descer meu pai aqui."

Ele se lançou ao pescoço de Benjamim, seu irmão, e chorou. E Benjamim chorou ao seu pescoço também. Ele abraçou igualmente todos os seus irmãos, chorando. Depois disso, seus irmãos divertiram-se com ele.

O rumor de que os irmãos de José tinham chegado espalhou-se pela casa de Faraó: isso agradou a Faraó e aos servos dele. Faraó disse a José: "Dize a teus irmãos o seguinte: 'Carregai vossos animais e parti para a terra de Canaã. Tomai vosso pai e vossas famílias e vinde para junto de mim. Darei a vós o que há de melhor na terra do Egito, e comereis da fartura da terra'. Tu tens ordem de dizer-lhes: fazei isso. Tomai, na terra do Egito, carros para vossos filhos e mulheres, tomai vosso pai e vinde. Não lamentai nada do que deixardes, pois o que há de melhor em toda a terra do Egito será vosso."

Os filhos de Israel fizeram assim. José deu-lhes carros, conforme as ordens do Faraó. Deu-lhes também provisões para a viagem. Deu-lhes vestes para que se trocassem no caminho e deu a Benjamim trezentas peças de prata e cinco vestes. Ele enviou a seu pai dez jumentos carregados com o que havia de melhor no Egito, e dez jumentas carregadas de trigo, de pão e de mantimentos, para serem aproveitados na viagem. Depois, despediu-se de seus irmãos, que partiram, e disse-lhes: "Não discuti no caminho".

Eles voltaram do Egito e eles chegaram à terra de Canaã, junto a Jacó, seu pai. Eles lhe disseram: "José vive ainda e é ele quem governa toda a terra do Egito". Mas o coração de Jacó permaneceu frio, pois não acreditava neles. Eles contaram a ele tudo o que tinha dito José. Ele viu os carros que José tinha enviado para transportá-lo. Foi então que o espírito de Jacó, seu pai, reanimou-se. E Israel disse: "Basta! José, meu filho, vive ainda! Irei e o verei, antes de morrer".

46

Israel partiu, com todos os seus bens. Ele chegou a Beer-Seba e ofereceu sacrifícios ao Deus de seu pai Isaque. Em uma visão durante a noite,

Deus disse a Israel: "Jacó! Jacó!" Israel respondeu: "Estou aqui!" E Deus disse: "Sou o Deus, o Deus de teu pai. Não tenhas medo de descer ao Egito, pois lá farei de ti uma grande nação. Eu mesmo descerei contigo ao Egito, e farei com que retornes, e José fechará teus olhos!"

Jacó deixou Beer-Seba, e os filhos de Israel levaram Jacó, seu pai, com seus filhos e suas mulheres, nos carros que Faraó tinha mandado para os transportar. Eles levaram também seus rebanhos e os bens que possuíam na terra de Canaã. E Jacó foi ao Egito, com toda a sua família. Ele levou consigo ao Egito seus filhos e os filhos de seus filhos, suas filhas e as filhas de seus filhos, e toda a sua família.

Eis os nomes dos filhos de Israel, que vieram ao Egito.

Jacó e seus filhos.

Primogênito de Jacó: Rubem.

Os filhos de Rubem: Hanoque, Palu, Hezrom e Carmi. Os filhos de Simeão: Jemuel, Jamim, Oade, Jaquim, Zoar e Saul, filho da cananéia. Os filhos de Levi: Gérsom, Coate e Merári. Os filhos de Judá: Er, Onã, Selá, Pérez e Zerá. Mas Er e Onã morreram na terra de Canaã. Os filhos de Pérez foram Hezrom e Hamul. Os filhos de Issacar: Tola, Puva, Iobe e Sinrom. Os filhos de Zebulom: Serede, Elom e Jaleel.

Esses foram os filhos que Léia deu a Jacó, em Padã-Arã, além da menina Diná. Seus filhos e suas filhas somavam ao todo trinta e três pessoas.

Os filhos de Gade: Zifiom, Hagui, Suni, Ezbom, Eri, Arodi e Areli. Os filhos de Aser: Imná, Isvá, Isvi e Beria, e Sera, a irmã deles. Os filhos de Beria: Heber e Malquiel.

Esses são os filhos de Zilpa, a qual Labão deu à sua filha Léia. E ela os deu a Jacó. Ao todo, dezesseis pessoas.

Os filhos de Raquel, mulher de Jacó: José e Benjamim. Nasceram a José, na terra do Egito, Manassés e Efraim, que lhe deu Asenate, filha de Potífera, sacerdote de Om. Os filhos de Benjamim: Belá, Bequer, Asbel, Gêra, Naamã, Eí, Ros, Mupim, Hupim e Arde.

Esses são os filhos de Raquel, dados a Jacó. Ao todo, quatorze pessoas.

Filhos de Dã: Husim.

Os filhos de Naftali: Jazeel, Guni, Jezer e Silém.

Esses são os filhos de Bila, a qual Labão deu a sua filha Raquel. E ela os deu a Jacó. Ao todo, sete pessoas.

As pessoas que vieram com Jacó ao Egito, e que tinham surgido dele, eram sessenta e seis ao todo, sem contar as mulheres dos filhos de Jacó. E José tinha dois filhos, nascidos no Egito. O total das pessoas da família de Jacó que vieram ao Egito era de setenta pessoas.

Jacó enviou Judá na sua frente, para avisar José que ele iria a Gósen. José preparou seu carro e subiu nele para ir a Gósen, ao encontro de Israel, seu pai.

Assim que o viu, lançou-se a seu pescoço e chorou por muito tempo. Israel disse a José: "Que eu morra agora, pois vi teu rosto e vives ainda!"

José disse a seus irmãos e à família de seu pai: "Eu vou avisar Faraó. Direi a ele: 'Meus irmãos e a família de meu pai, que estavam na terra de Canaã, chegaram. Esses homens são pastores, pois conduzem rebanhos. Eles trouxeram suas ovelhas e seu gado, e tudo o que lhes pertence'. E quando Faraó vos chamar e perguntar por vossa ocupação, respondereis: 'Teus servos têm conduzido rebanhos, desde nossa juventude até hoje, nós e nossos pais'. Dessa maneira, vós habitareis na terra de Gósen, pois todos os pastores são abominados pelos Egípcios.

47

José foi avisar Faraó, e disse-lhe: "Meus irmãos e meus pais chegaram da terra de Canaã, com suas ovelhas e seu gado, e tudo o que possuem. Estão na terra de Gósen". Ele tomou cinco dos seus irmãos e os apresentou a Faraó. Faraó disse-lhes: "Qual é a vossa ocupação?" Eles responderam a Faraó: "Teus servos são pastores, como eram nossos pais". Eles disseram ainda a Faraó: "Nós viemos para habitar na terra, pois não há mais pastagem para as ovelhas de teus servos, pois a fome agravou-se na terra de Canaã. Permite a teus servos que eles habitem na terra de Gósen". Faraó disse a José: "Teu pai e teus irmãos vieram para junto de ti. A terra do Egito está a tua disposição: estabelece teu pai e teus irmãos na melhor região. Que eles habitem na terra de Gósen. Caso encontres entre eles homens capazes, coloque-os para comandar meus rebanhos".

José chamou Jacó, seu pai, e apresentou-o a Faraó. E Jacó abençoou Faraó. Faraó disse a Jacó: "Quantos anos tens de vida?" Jacó respondeu a Faraó: "Tenho peregrinado por cento e trinta anos. Os anos de minha vida foram pouco numerosos e difíceis. Eles não alcançam os anos que meus pais viveram, durante os dias das peregrinações deles". Jacó abençoou Faraó e saiu de sua presença.

José estabeleceu seu pai e seus irmãos e deu-lhes uma propriedade na terra do Egito, na melhor parte da terra, na região de Ramessés, conforme Faraó tinha lhe ordenado. José sustentou seu pai e seus irmãos, e toda a família de seu pai, segundo o número de seus filhos.

Não havia mais comida em toda a terra, pois a fome agravara-se muito. A terra do Egito e a terra de Canaã esmoreciam, por causa da fome. José recolheu todo o dinheiro que havia na terra do Egito e na terra de Canaã, em troca do trigo que compravam dele. E ele levou o dinheiro à casa de Faraó. Quando o dinheiro da terra do Egito e da terra de Canaã acabou, todos os Egípcios vieram a José e disseram: "Dá-nos pão! Por que morreremos diante de ti? O dinheiro nos falta". José disse: "Trazei-me vossos rebanhos, e vos darei pão em troca de vossos rebanhos, se faltar-vos dinheiro". Eles trouxeram seus rebanhos para José, e José deu-lhes pão em troca de cavalos, de ovelhas e de gado, e também de jumentos. E ele forneceu pão naquele ano, em troca de todos os rebanhos deles.

Assim que aquele ano acabou, vieram a José, no ano seguinte, e disseram-lhe: "Não esconderemos de nosso senhor que nosso dinheiro acabou, e que os rebanhos foram todos trazidos a nosso senhor, e apenas resta diante de nosso senhor nossos corpos e nossas terras. Por que morreremos diante de teus olhos, nós e nossas terras? Compra-nos a nós e a nossas terras, em troca de pão, e nós pertenceremos ao nosso senhor, nós e nossas terras. Dá-nos algo para semear, a fim de que possamos viver e não morrer, e a fim de que nossas terras não fiquem desoladas". José comprou todas as terras do Egito para Faraó, pois os Egípcios venderam cada um o seu campo, já que a fome os pressionava. E a terra tornou-se propriedade de Faraó. Ele arranjou o povo em cidades, de um extremo a outro, dentro das fronteiras do Egito. Ele só não comprou a terra dos sacerdotes, pois existia uma lei de Faraó que beneficiava os sacerdotes, que viviam daquilo que lhes mandava Faraó: "Por isso não venderam suas terras". José disse ao povo: Comprei-vos hoje com vossas terras, para Faraó. Eis aqui vossas sementes, podem semear o solo. Na época da colheita, dareis a quinta parte dela a Faraó. Ficareis com as quatro outras partes, para semear os campos e alimentar vossos filhos e os que moram convosco". Eles disseram: "Salvaste-nos a vida! Que encontremos graças aos olhos de nosso senhor, e seremos escravos de Faraó". José fez daquilo uma lei, que permanece até hoje. Segundo a lei, um quinto do que é obtido da terra do Egito pertence a Faraó. Apenas as terras dos sacerdotes não pertencem a Faraó.

Israel habitou na terra do Egito, na região de Gósen. Eles tiveram posses, foram férteis e multiplicaram-se muito.

Jacó viveu dezessete anos na terra do Egito. Os dias de Jacó, seu tempo de vida, foram cento e quarenta e sete anos. Quando aproximou-se o momento da morte de Israel, ele chamou seu filho José e disse-lhe: "Se encontrei graça a teus olhos, põe tua mão sob minha coxa e sê bondoso e fiel comigo. Não me enterres no Egito! Quando eu estiver dormindo com meus pais, transporta-me para fora do Egito e enterra-me no sepulcro deles". José respondeu: "Farei conforme dizes. Jacó disse: "Jura-me". E José jurou. Depois, Israel inclinou-se sobre o travesseiro de seu leito.

48

Depois dessas coisas, disseram a José: "Eis que teu pai está doente". Ele tomou consigo seus dois filhos, Manassés e Efraim. Jacó foi avisado.

Disseram a ele: "Eis que teu filho José vem te ver". E Israel reuniu suas forças e sentou-se em seu leito.

Jacó disse a José: "O Deus Todo-Poderoso apareceu-me em Luz, na terra de Canaã, e abençooume. Ele me disse: 'Te tornarei fértil, te multiplicarei e farei de ti uma multidão de povos. Darei essa terra à tua descendência, depois de ti, para que ela a possua para sempre. Agora, os dois filhos que nasceram para ti na terra do Egito, antes que eu chegasse ao Egito, serão meus. Efraim e Manassés serão meus, como Rubem e Simeão. Mas os filhos que geraste depois deles serão teus, e eles herdarão o nome de seus irmãos. Quando retornei de Padã, Raquel morreu no caminho, a meu lado, na terra de Canaã, perto de Efrata. Foi lá que a enterrei, no caminho de Efrata, que é Belém".

Israel olhou os filhos de José e disse: "Quem são esses?" José respondeu a seu pai: "São meus filhos, que Deus me deu aqui". Israel disse: "Faze com que aproximem-se de mim, peço-te, a fim de que os abençoe". Os olhos de Israel estavam pesados, por causa da velhice. Ele não podia ver. José aproximou seus filhos dele, e Israel beijou-os e abraçou-os. Israel disse a José: "Eu não pensava mais em rever teu rosto, e eis que Deus me fez ver até mesmo tua descendência". José tirou-os dos joelhos de seu pai e prostrou-se até o chão, diante dele. Depois, José tomou os dois. Com a mão direita, aproximou Efraim da esquerda de Israel, e com sua mão esquerda aproximou Manassés da direita de Israel. Israel estendeu sua mão direita e colocou-a sobre a cabeça de Efraim, o mais novo, e colocou sua mão esquerda sobre a cabeça de Manassés. Intencionalmente, ele dispôs suas mãos assim, mesmo que Manassés fosse o primogênito. Ele abençoou José e disse: "Que o Deus na presença do qual marcharam meus pais, Abraão e Isaque, que o Deus que tem me conduzido desde que existi até hoje, que o anjo que livrou-me de todo mal, abençoe esses filhos! Que eles sejam chamados com o meu nome e com o nome de meus pais, Abraão e Isaque, e que eles multipliquem-se abundantemente no meio da terra!" José viu constrangido que seu pai colocava a mão direita sobre a cabeça de Efraim. Ele tomou a mão de seu pai, a fim de desviá-la de cima da cabeça de Efraim e dirigi-la sobre a de Manassés. E José disse a seu pai: "Assim não, meu pai, pois esse aqui é o primogênito, ponha tua mão direita sobre a cabeça dele. Seu pai recusou e disse: "Eu sei, meu filho, eu sei. Ele também vai gerar um povo, ele será grande, mas seu irmão mais novo será maior que ele e sua descendência se tornará uma multidão de nações. Ele abençoou-os naquele dia e disse: "Por ti Israel abençoará. Que Deus te trate como Efraim e como Manassés. E ele colocou Efraim na frente de Manassés.

Israel disse a José: "Eis que morro! Mas Deus estará convosco, e ele vos fará retornar à terra de vossos pais. Dou para ti, a mais que para teus irmãos, uma parte de terra que tomei das mãos dos Amorreus, com minha espada e meu arco.

49

Jacó chamou seus filhos e disse: "Reuni-vos. Anunciarei a vós o que vos acontecerá nos próximos tempos.

"Reuni-vos e escutai, filhos de Jacó!
Escutai Israel, vosso pai.
Rubem, tu, meu primogênito,
Minha força e as primícias do meu vigor,
Superior em dignidade e superior em poder,
Impetuoso como as águas, tu não terás a preeminência!
Pois subiste ao leito de teu pai,
Tu contaminaste meu leito, subindo nele.
Simeão e Levi são irmãos;
Suas espadas são instrumentos de violência.
Que minha alma não entre no concílio deles,
Que meu espírito nunca se una à assembléia deles!
Pois, na sua cólera, mataram homens,
E, na sua maldade, cortaram os jarretes dos touros.
Maldita seja a cólera deles, pois é violenta,
E o furor deles, pois é cruel!
Eu os separarei em Jacó,
E os dispersarei em Israel.

Judá, tu receberás as homenagens de teus irmãos;
Tua mão estará sobre a nuca de teus inimigos.
Os filhos de teu pai se prostrarão diante de ti.
Judá é um pequeno leão.
Voltaste da matança, meu filho!
Ele dobra os joelhos e dorme como um leão,
Como uma leoa: "Quem te fará levantar?
O cetro não se afastará de Judá,
Nem o bastão soberano se arredará de seus pés,
Até que venha Siló,
E que os povos o obedeçam.
Ele prenderá seu jumento à vinha,
E à melhor cepa o pequeno de seu jumento;
Ele lava no vinho suas vestes,
E no sangue das uvas seu manto.
E tem os olhos vermelhos de vinho,
E os dentes brancos como leite.
Zebulom habitará nas costas dos mares,
Estará sobre os costados dos navios,
E seu limite irá até os lados de Sidom.
Issacar é um jumento robusto,
Que dorme nos estábulos.
Ele vê que o lugar onde repousa é agradável
E que a região é magnífica;
E ele curvou sua espada sob o fardo,
Ele sujeitou-se a um tributo.
Dã julgará seu povo,

Como uma das tribos de Israel.
Dã será uma serpente no caminho,
Uma víbora na vereda,
Mordendo o calcanhar dos cavalos,
Para que o cavaleiro tombe de costas.
Aguardo teu socorro, Senhor!
Gade será atacado por tribos inimigas,
Mas eles o atacarão e ele os perseguirá.
Aser produzirá um alimento excelente;
Ele fornecerá iguarias finas aos reis.
Naftali é uma corça em liberdade;
Ele diz belas palavras.
José é o rebento de uma árvore fértil,
O rebento de uma árvore fértil ao lado de uma fonte;
Os galhos elevam-se acima do muro.
Eles provocaram, eles fizeram rasgos;
Os arqueiros o perseguiram com ódio.
Mas seu arco manteve-se firme,
E suas mãos fortificaram-se,
Pelas mãos do Poderoso de Jacó:
Ele assim tornou-se o pastor, o rochedo de Israel.
É a obra do Deus de teu pai que te ajudará.
É a obra do Todo-Poderoso que te abençoará
As bênçãos dos céus acima,
As bênção das águas abaixo,
As bênçãos das mamas e do seio materno.
As bênçãos de teu pai elevam-se

Acima das bênçãos de meus pais,
Ao cimo das colinas eternas:
Que elas estejam sobre a cabeça de José,
Sobre o vértice da cabeça do príncipe de seus irmãos!
Benjamim é um lobo que despedaça;
De manhã, devora a presa,
E à noite, divide os restos."

Todos esses formam as doze tribos de Israel. E foi isso que disse-lhes seu pai, abençoando-os. Ele os abençoou, cada qual com uma bênção.

Depois ele lhes deu a seguinte ordem: "Serei recolhido para junto de meu povo. Enterrai-me com meus pais, na cova que está no campo de Efrom, o heteu, na cova do campo de Macpela, em frente a Manre, na terra de Canaã. É o campo que Abraão comprou de Efrom, o heteu, como sepulcro. Lá, foram enterrados Abraão e Sara, sua mulher. Lá, foram enterrados Isaque e Rebeca, sua mulher. E lá, enterrei Léia. O campo e a cova que lá encontram-se foram comprados dos filhos de Hete.

Assim que Jacó acabou de dar essas ordens a seus filhos, contraiu seus pés no leito, expirou e foi recolhido para junto de seu povo.

50

José lançou-se ao rosto de seu pai, chorou sobre ele e beijou-o. Ele ordenou aos médicos que estavam a seu serviço que embalsamassem seu pai, e os médicos embalsamaram Israel. Quarenta dias passaram-se, e durante eles foi feito o embalsamamento. E os Egípcios choraram por setenta dias.

Quando acabaram os dias do luto, José dirigiu-se ao criados de Faraó, e disse-lhes: "Se encontrei graça a vossos olhos, contai, peço-vos, a Faraó, aquilo que vos digo. Meu pai fez-me jurar, dizendo: 'Eis que morro! Tu me enterrarás no sepulcro que comprei para mim na terra de Canaã'. Desejo ir até lá, para enterrar meu pai. Depois voltarei". Faraó respondeu: "Sobe e enterra teu pai, como ele te fez jurar".

José subiu para enterrar seu pai. Com ele, subiram todos os servos de Faraó, anciãos de sua casa, todos os anciãos da terra do Egito, toda a casa de José, seus irmãos, e a casa de seu pai: só ficaram na terra de Gósen as crianças, as ovelhas e o gado. Havia ainda, com José, carros e cavaleiros, de modo que o cortejo era muito numeroso. Quando chegaram na área de Atade, para lá do Jordão, fizeram ouvir grandes e profundas lamentações. E José fez, em honra de seu pai, um luto de sete dias. Os habitantes da terra, os Cananeus, foram testemunhas desse luto em Atade, e disseram: "Eis um grande luto entre os Egípcios!" Por isso, deu-se o nome de Abel-Mizrain àquele lugar, o qual está além do Jordão.

Foi assim que os irmãos de Jacó executaram as ordens de seu pai. Eles o transportaram para a terra de Canaã e enterraram-no na cova do campo de Macpela, que Abraão tinha comprado de Efrom, o heteu, como sepulcro, e que está diante de Manré.

José, depois de enterrar seu pai, retornou ao Egito, com seus irmãos e todos os que tinham subido com ele para enterrar seu pai.

Quando os irmãos de José viram que seu pai estava morto, disseram: "E se José tiver raiva de nós e devolver-nos o mal que lhe fizemos?" E mandaram dizer a José: "Teu pai deu-nos uma ordem antes de morrer: 'Assim falarão a José: Oh! Perdoa o crime de teus irmãos e o pecado deles, pois te fizeram mal! Perdoa o pecado dos servos do Deus de teu pai!'" José chorou ao ouvir essas palavras. Seus irmãos vieram eles mesmos prostrar-se diante dele, e disseram: "Somos teus servos". José disse-lhes: "Não temais. Estou eu no lugar de Deus? Vós planejastes me fazer o mal: Deus transformou o mal em bem, a fim de cumprir o que acontece hoje, para salvar a vida de um povo numeroso. Portanto, não temais. Conservarei a vós e a vossos filhos". E ele os consolou, falando ao coração deles.

José permaneceu no Egito, ele e a casa de seu pai. Ele viveu cento e dez anos. José viu os filhos de Efraim até a terceira geração. E os filhos de Maquir, filho de Manassés, nasceram sobre os joelhos de José.

José disse a seus irmãos: "Morro! Mas Deus vos visitará, e vos fará retornar dessa terra à terra que ele jurou dar a Abraão, a Isaque e a Jacó". José fez jurar os filhos de Israel, dizendo: "Deus virá até vós, e vós levareis meus ossos para longe daqui".

José morreu, aos cento e dez anos. Foi embalsamado e o colocaram num caixão no Egito.

Coleção **L&PM** POCKET (lançamentos mais recentes)

124. **Livro dos desaforos** – org. de Sergio Faraco
125. **A mão e a luva** – Machado de Assis
126. **Doutor Miragem** – Moacyr Scliar
127. **O penitente** – Isaac B. Singer
128. **Diários da descoberta da América** – C.Colombo
129. **Édipo Rei** – Sófocles
130. **Romeu e Julieta** – Shakespeare
131. **Hollywood** – Charles Bukowski
132. **Billy the Kid** – Pat Garrett
133. **Cuca fundida** – Woody Allen
134. **O jogador** – Dostoiévski
135. **O livro da selva** – Rudyard Kipling
136. **O vale do terror** – Arthur Conan Doyle
137. **Dançar tango em Porto Alegre** – S. Faraco
138. **O gaúcho** – Carlos Reverbel
139. **A volta ao mundo em oitenta dias** – J. Verne
140. **O livro dos esnobes** – W. M. Thackeray
141. **Amor & morte em Poodle Springs** – Raymond Chandler & R. Parker
142. **As aventuras de David Balfour** – Stevenson
143. **Alice no país das maravilhas** – Lewis Carroll
144. **A ressureição** – Machado de Assis
145. **Inimigos, uma história de amor** – I. Singer
146. **O Guarani** – José de Alencar
147. **A cidade e as serras** – Eça de Queiroz
148. **Eu e outras poesias** – Augusto dos Anjos
149. **A mulher de trinta anos** – Balzac
150. **Pomba enamorada** – Lygia F. Telles
151. **Contos fluminenses** – Machado de Assis
152. **Antes de Adão** – Jack London
153. **Intervalo amoroso** – A.Romano de Sant'Anna
154. **Memorial de Aires** – Machado de Assis
155. **Naufrágios e comentários** – Cabeza de Vaca
156. **Ubirajara** – José de Alencar
157. **Textos anarquistas** – Bakunin
159. **Amor de salvação** – Camilo Castelo Branco
160. **O gaúcho** – José de Alencar
161. **O livro das maravilhas** – Marco Polo
162. **Inocência** – Visconde de Taunay
163. **Helena** – Machado de Assis
164. **Uma estação de amor** – Horácio Quiroga
165. **Poesia reunida** – Martha Medeiros
166. **Memórias de Sherlock Holmes** – Conan Doyle
167. **A vida de Mozart** – Stendhal
168. **O primeiro terço** – Neal Cassady
169. **O mandarim** – Eça de Queiroz
170. **Um espinho de marfim** – Marina Colasanti
171. **A ilustre Casa de Ramires** – Eça de Queiroz
172. **Lucíola** – José de Alencar
173. **Antígona** – Sófocles – trad. Donaldo Schüler
174. **Otelo** – William Shakespeare
175. **Antologia** – Gregório de Matos
176. **A liberdade de imprensa** – Karl Marx
177. **Casa de pensão** – Aluísio Azevedo
178. **São Manuel Bueno, Mártir** – Unamuno
179. **Primaveras** – Casimiro de Abreu
180. **O noviço** – Martins Pena
181. **O sertanejo** – José de Alencar
182. **Eurico, o presbítero** – Alexandre Herculano
183. **O signo dos quatro** – Conan Doyle
184. **Sete anos no Tibet** – Heinrich Harrer
185. **Vagamundo** – Eduardo Galeano
186. **De repente acidentes** – Carl Solomon
187. **As minas de Salomão** – Rider Haggar
188. **Uivo** – Allen Ginsberg
189. **A ciclista solitária** – Conan Doyle
190. **Os seis bustos de Napoleão** – Conan Doyle
191. **Cortejo do divino** – Nelida Piñon
194. **Os crimes do amor** – Marquês de Sade
195. **Besame Mucho** – Mário Prata
196. **Tuareg** – Alberto Vázquez-Figueroa
197. **O longo adeus** – Raymond Chandler
199. **Notas de um velho safado** – C. Bukowski
200. **111 ais** – Dalton Trevisan
201. **O nariz** – Nicolai Gogol
202. **O capote** – Nicolai Gogol
203. **Macbeth** – William Shakespeare
204. **Heráclito** – Donaldo Schüler
205. **Você deve desistir, Osvaldo** – Cyro Martins
206. **Memórias de Garibaldi** – A. Dumas
207. **A arte da guerra** – Sun Tzu
208. **Fragmentos** – Caio Fernando Abreu
209. **Festa no castelo** – Moacyr Scliar
210. **O grande deflorador** – Dalton Trevisan
212. **Homem do príncipio ao fim** – Millôr Fernandes
213. **Aline e seus dois namorados** – A. Iturrusgarai
214. **A juba do leão** – Sir Arthur Conan Doyle
215. **Assassino metido a esperto** – R. Chandler
216. **Confissões de um comedor de ópio** – T.De Quincey
217. **Os sofrimentos do jovem Werther** – Goethe
218. **Fedra** – Racine / Trad. Millôr Fernandes
219. **O vampiro de Sussex** – Conan Doyle
220. **Sonho de uma noite de verão** – Shakespeare
221. **Dias e noites de amor e de guerra** – Galeano
222. **O Profeta** – Khalil Gibran
223. **Flávia, cabeça, tronco e membros** – M. Fernandes
224. **Guia da ópera** – Jeanne Suhamy
225. **Macário** – Álvares de Azevedo
226. **Etiqueta na prática** – Celia Ribeiro
227. **Manifesto do partido comunista** – Marx & Engels
228. **Poemas** – Millôr Fernandes
229. **Um inimigo do povo** – Henrik Ibsen
230. **O paraíso destruído** – Frei B. de las Casas
231. **O gato no escuro** – Josué Guimarães
232. **O mágico de Oz** – L. Frank Baum
233. **Armas no Cyrano's** – Raymond Chandler
234. **Max e os felinos** – Moacyr Scliar
235. **Nos céus de Paris** – Alcy Cheuiche
236. **Os bandoleiros** – Schiller
237. **A primeira coisa que eu botei na boca** – Deonísio da Silva
238. **As aventuras de Simbad, o marujo**
239. **O retrato de Dorian Gray** – Oscar Wilde
240. **A carteira de meu tio** – J. Manuel de Macedo
241. **A luneta mágica** – J. Manuel de Macedo
242. **A metamorfose** – Kafka
243. **A flecha de ouro** – Joseph Conrad
244. **A ilha do tesouro** – R. L. Stevenson

245. **Marx - Vida & Obra** – José A. Giannotti
246. **Gênesis**
247. **Unidos para sempre** – Ruth Rendell
248. **A arte de amar** – Ovídio
249. **O sono eterno** – Raymond Chandler
250. **Novas receitas do Anonymus Gourmet** – J.A.P.M.
251. **A nova catacumba** – Arthur Conan Doyle
252. **Dr. Negro** – Arthur Conan Doyle
253. **Os voluntários** – Moacyr Scliar
254. **A bela adormecida** – Irmãos Grimm
255. **O príncipe sapo** – Irmãos Grimm
256. **Confissões e Memórias** – H. Heine
257. **Viva o Alegrete** – Sergio Faraco
258. **Vou estar esperando** – R. Chandler
259. **A senhora Beate e seu filho** – Schnitzler
260. **O ovo apunhalado** – Caio Fernando Abreu
261. **O ciclo das águas** – Moacyr Scliar
262. **Millôr Definitivo** – Millôr Fernandes
264. **Viagem ao centro da Terra** – Júlio Verne
265. **A dama do lago** – Raymond Chandler
266. **Caninos brancos** – Jack London
267. **O médico e o monstro** – R. L. Stevenson
268. **A tempestade** – William Shakespeare
269. **Assassinatos na rua Morgue** – E. Allan Poe
270. **99 corruíras nanicas** – Dalton Trevisan
271. **Broquéis** – Cruz e Sousa
272. **Mês de cães danados** – Moacyr Scliar
273. **Anarquistas – vol. 1 – A idéia** – G. Woodcock
274. **Anarquistas – vol. 2 – O movimento** – G.Woodcock
275. **Pai e filho, filho e pai** – Moacyr Scliar
276. **As aventuras de Tom Sawyer** – Mark Twain
277. **Muito barulho por nada** – W. Shakespeare
278. **Elogio da loucura** – Erasmo
279. **Autobiografia de Alice B. Toklas** – G. Stein
280. **O chamado da floresta** – J. London
281. **Uma agulha para o diabo** – Ruth Rendell
282. **Verdes vales do fim do mundo** – A. Bivar
283. **Ovelhas negras** – Caio Fernando Abreu
284. **O fantasma de Canterville** – O. Wilde
285. **Receitas de Yayá Ribeiro** – Celia Ribeiro
286. **A galinha degolada** – H. Quiroga
287. **O último adeus de Sherlock Holmes** – A. Conan Doyle
288. **A. Gourmet em Histórias de cama & mesa** – J. A. Pinheiro Machado
289. **Topless** – Martha Medeiros
290. **Mais receitas do Anonymus Gourmet** – J. A. Pinheiro Machado
291. **Origens do discurso democrático** – D. Schüler
292. **Humor politicamente incorreto** – Nani
293. **O teatro do bem e do mal** – E. Galeano
294. **Garibaldi & Manoela** – J. Guimarães
295. **10 dias que abalaram o mundo** – John Reed
296. **Numa fria** – Charles Bukowski
297. **Poesia de Florbela Espanca** vol. 1
298. **Poesia de Florbela Espanca** vol. 2
299. **Escreva certo** – E. Oliveira e M. E. Bernd
300. **O vermelho e o negro** – Stendhal
301. **Ecce homo** – Friedrich Nietzsche
302.(7).**Comer bem, sem culpa** – Dr. Fernando Lucchese, A. Gourmet e Iotti
303. **O livro de Cesário Verde** – Cesário Verde
305. **100 receitas de macarrão** – S. Lancellotti
306. **160 receitas de molhos** – S. Lancellotti
307. **100 receitas light** – H. e Â. Tonetto
308. **100 receitas de sobremesas** – Celia Ribeiro
309. **Mais de 100 dicas de churrasco** – Leon Diziekaniak
310. **100 receitas de acompanhamentos** – C. Cabeda
311. **Honra ou vendetta** – S. Lancellotti
312. **A alma do homem sob o socialismo** – Oscar Wilde
313. **Tudo sobre Yôga** – Mestre De Rose
314. **Os varões assinalados** – Tabajara Ruas
315. **Édipo em Colono** – Sófocles
316. **Lisístrata** – Aristófanes / trad. Millôr
317. **Sonhos de Bunker Hill** – John Fante
318. **Os deuses de Raquel** – Moacyr Scliar
319. **O colosso de Marússia** – Henry Miller
320. **As eruditas** – Molière / trad. Millôr
321. **Radicci 1** – Iotti
322. **Os Sete contra Tebas** – Ésquilo
323. **Brasil Terra à vista** – Eduardo Bueno
324. **Radicci 2** – Iotti
325. **Júlio César** – William Shakespeare
326. **A carta de Pero Vaz de Caminha**
327. **Cozinha Clássica** – Sílvio Lancellotti
328. **Madame Bovary** – Gustave Flaubert
329. **Dicionário do viajante insólito** – M. Scliar
330. **O capitão saiu para o almoço...** – Bukowski
331. **A carta roubada** – Edgar Allan Poe
332. **É tarde para saber** – Josué Guimarães
333. **O livro de bolso da Astrologia** – Maggy Harrisonx e Mellina Li
334. **1933 foi um ano ruim** – John Fante
335. **100 receitas de arroz** – Aninha Comas
336. **Guia prático do Português correto – vol. 1** – Cláudio Moreno
337. **Bartleby, o escriturário** – H. Melville
338. **Enterrem meu coração na curva do rio** – Dee Brown
339. **Um conto de Natal** – Charles Dickens
340. **Cozinha sem segredos** – J. A. P. Machado
341. **A dama das Camélias** – A. Dumas Filho
342. **Alimentação saudável** – H. e Â. Tonetto
343. **Continhos galantes** – Dalton Trevisan
344. **A Divina Comédia** – Dante Alighieri
345. **A Dupla Sertanojo** – Santiago
346. **Cavalos do amanhecer** – Mario Arregui
347. **Biografia de Vincent van Gogh por sua cunhada** – Jo van Gogh-Bonger
348. **Radicci 3** – Iotti
349. **Nada de novo no front** – E. M. Remarque
350. **A hora dos assassinos** – Henry Miller
351. **Flush - Memórias de um cão** – Virginia Woolf
352. **A guerra no Bom Fim** – M. Scliar
353.(1).**O caso Saint-Fiacre** – Simenon
354.(2).**Morte na alta sociedade** – Simenon
355.(3).**O cão amarelo** – Simenon
356.(4).**Maigret e o homem do banco** – Simenon
357. **As uvas e o vento** – Pablo Neruda
358. **On the road** – Jack Kerouac
359. **O coração amarelo** – Pablo Neruda
360. **Livro das perguntas** – Pablo Neruda
361. **Noite de Reis** – William Shakespeare

362. **Manual de Ecologia** – vol.1 – J. Lutzenberger
363. **O mais longo dos dias** – Cornelius Ryan
364. **Foi bom prá você?** – Nani
365. **Crepusculário** – Pablo Neruda
366. **A comédia dos erros** – Shakespeare
367(5). **A primeira investigação de Maigret** – Simenon
368(6). **As férias de Maigret** – Simenon
369. **Mate-me por favor (vol.1)** – L. McNeil
370. **Mate-me por favor (vol.2)** – L. McNeil
371. **Carta ao pai** – Kafka
372. **Os vagabundos iluminados** – J. Kerouac
373(7). **O enforcado** – Simenon
374(8). **A fúria de Maigret** – Simenon
375. **Vargas, uma biografia política** – H. Silva
376. **Poesia reunida (vol.1)** – A. R. de Sant'Anna
377. **Poesia reunida (vol.2)** – A. R. de Sant'Anna
378. **Alice no país do espelho** – Lewis Carroll
379. **Residência na Terra 1** – Pablo Neruda
380. **Residência na Terra 2** – Pablo Neruda
381. **Terceira Residência** – Pablo Neruda
382. **O delírio amoroso** – Bocage
383. **Futebol ao sol e à sombra** – E. Galeano
384(9). **O porto das brumas** – Simenon
385(10). **Maigret e seu morto** – Simenon
386. **Radicci 4** – Iotti
387. **Boas maneiras & sucesso nos negócios** – Celia Ribeiro
388. **Uma história Farroupilha** – M. Scliar
389. **Na mesa ninguém envelhece** – J. A. P. Machado
390. **200 receitas inéditas do Anonymous Gourmet** – J. A. Pinheiro Machado
391. **Guia prático do Português correto – vol.2** – Cláudio Moreno
392. **Breviário das terras do Brasil** – Assis Brasil
393. **Cantos Cerimoniais** – Pablo Neruda
394. **Jardim de Inverno** – Pablo Neruda
395. **Antonio e Cleópatra** – William Shakespeare
396. **Tróia** – Cláudio Moreno
397. **Meu tio matou um cara** – Jorge Furtado
398. **O anatomista** – Federico Andahazi
399. **As viagens de Gulliver** – Jonathan Swift
400. **Dom Quixote – v.1** – Miguel de Cervantes
401. **Dom Quixote – v.2** – Miguel de Cervantes
402. **Sozinho no Pólo Norte** – Thomaz Brandolin
403. **Matadouro 5** – Kurt Vonnegut
404. **Delta de Vênus** – Anaïs Nin
405. **O melhor de Hagar 2** – Dik Browne
406. **É grave Doutor?** – Nani
407. **Orai pornô** – Nani
408(11). **Maigret em Nova York** – Simenon
409(12). **O assassino sem rosto** – Simenon
410(13). **O mistério das jóias roubadas** – Simenon
411. **A irmãzinha** – Raymond Chandler
412. **Três contos** – Gustave Flaubert
413. **De ratos e homens** – John Steinbeck
414. **Lazarilho de Tormes** – Anônimo do séc. XVI
415. **Triângulo das águas** – Caio Fernando Abreu
416. **100 receitas de carnes** – Sílvio Lancellotti
417. **Histórias de robôs: vol.1** – org. Isaac Asimov
418. **Histórias de robôs: vol.2** – org. Isaac Asimov
419. **Histórias de robôs: vol.3** – org. Isaac Asimov
420. **O país dos centauros** – Tabajara Ruas
421. **A república de Anita** – Tabajara Ruas
422. **A carga dos lanceiros** – Tabajara Ruas
423. **Um amigo de Kafka** – Isaac Singer
424. **As alegres matronas de Windsor** – Shakespeare
425. **Amor e exílio** – Isaac Bashevis Singer
426. **Use & abuse do seu signo** – Marília Fiorillo e Marylou Simonsen
427. **Pigmaleão** – Bernard Shaw
428. **As fenícias** – Eurípides
429. **Everest** – Thomaz Brandolin
430. **A arte de furtar** – Anônimo do séc. XVI
431. **Billy Bud** – Herman Melville
432. **A rosa separada** – Pablo Neruda
433. **Elegia** – Pablo Neruda
434. **A garota de Cassidy** – David Goodis
435. **Como fazer a guerra: máximas de Napoleão** – Balzac
436. **Poemas escolhidos** – Emily Dickinson
437. **Gracias por el fuego** – Mario Benedetti
438. **O sofá** – Crébillon Fils
439. **O "Martín Fierro"** – Jorge Luis Borges
440. **Trabalhos de amor perdidos** – W. Shakespeare
441. **O melhor de Hagar 3** – Dik Browne
442. **Os Maias (volume1)** – Eça de Queiroz
443. **Os Maias (volume2)** – Eça de Queiroz
444. **Anti-Justine** – Restif de La Bretonne
445. **Juventude** – Joseph Conrad
446. **Contos** – Eça de Queiroz
447. **Janela para a morte** – Raymond Chandler
448. **Um amor de Swann** – Marcel Proust
449. **À paz perpétua** – Immanuel Kant
450. **A conquista do México** – Hernan Cortez
451. **Defeitos escolhidos e 2000** – Pablo Neruda
452. **O casamento do céu e do inferno** – William Blake
453. **A primeira viagem ao redor do mundo** – Antonio Pigafetta
454(14). **Uma sombra na janela** – Simenon
455(15). **A noite da encruzilhada** – Simenon
456(16). **A velha senhora** – Simenon
457. **Sartre** – Annie Cohen-Solal
458. **Discurso do método** – René Descartes
459. **Garfield em grande forma (1)** – Jim Davis
460. **Garfield está de dieta (2)** – Jim Davis
461. **O livro das feras** – Patricia Highsmith
462. **Viajante solitário** – Jack Kerouac
463. **Auto da barca do inferno** – Gil Vicente
464. **O livro vermelho dos pensamentos de Millôr** – Millôr Fernandes
465. **O livro dos abraços** – Eduardo Galeano
466. **Voltaremos!** – José Antonio Pinheiro Machado
467. **Rango** – Edgar Vasques
468(8). **Dieta mediterrânea** – Dr. Fernando Lucchese e José Antonio Pinheiro Machado
469. **Radicci 5** – Iotti
470. **Pequenos pássaros** – Anaïs Nin
471. **Guia prático do Português correto – vol.3** – Cláudio Moreno
472. **Atire no pianista** – David Goodis
473. **Antologia Poética** – García Lorca
474. **Alexandre e César** – Plutarco
475. **Uma espiã na casa do amor** – Anaïs Nin
476. **A gorda do Tiki Bar** – Dalton Trevisan
477. **Garfield um gato de peso (3)** – Jim Davis

478. **Canibais** – David Coimbra
479. **A arte de escrever** – Arthur Schopenhauer
480. **Pinóquio** – Carlo Collodi
481. **Misto-quente** – Charles Bukowski
482. **A lua na sarjeta** – David Goodis
483. **O melhor do Recruta Zero (1)** – Mort Walker
484. **Aline 2** – Adão Iturrusgarai
485. **Sermões do Padre Antonio Vieira**
486. **Garfield numa boa (4)** – Jim Davis
487. **Mensagem** – Fernando Pessoa
488. **Vendeta seguido de A paz conjugal** – Balzac
489. **Poemas de Alberto Caeiro** – Fernando Pessoa
490. **Ferragus** – Honoré de Balzac
491. **A duquesa de Langeais** – Honoré de Balzac
492. **A menina dos olhos de ouro** – Honoré de Balzac
493. **O lírio do vale** – Honoré de Balzac
494. (17).**A barcaça da morte** – Simenon
495. (18).**As testemunhas rebeldes** – Simenon
496. (19).**Um engano de Maigret** – Simenon
497. (1).**A noite das bruxas** – Agatha Christie
498. (2).**Um passe de mágica** – Agatha Christie
499. (3).**Nêmesis** – Agatha Christie
500. **Esboço para uma teoria das emoções** – Sartre
501. **Renda básica de cidadania** – Eduardo Suplicy
502. (1).**Pílulas para viver melhor** – Dr. Lucchese
503. (2).**Pílulas para prolongar a juventude** – Dr. Lucchese
504. (3).**Desembarcando o Diabetes** – Dr. Lucchese
505. (4).**Desembarcando o Sedentarismo** – Dr. Fernando Lucchese e Cláudio Castro
506. (5).**Desembarcando a Hipertensão** – Dr. Lucchese
507. (6).**Desembarcando o Colesterol** – Dr. Fernando Lucchese e Fernanda Lucchese
508. **Estudos de mulher** – Balzac
509. **O terceiro tira** – Flann O'Brien
510. **100 receitas de aves e ovos** – J. A. P. Machado
511. **Garfield em toneladas de diversão** (5) – Jim Davis
512. **Trem-bala** – Martha Medeiros
513. **Os cães ladram** – Truman Capote
514. **O Kama Sutra de Vatsyayana**
515. **O crime do Padre Amaro** – Eça de Queiroz
516. **Odes de Ricardo Reis** – Fernando Pessoa
517. **O inverno da nossa desesperança** – Steinbeck
518. **Piratas do Tietê (1)** – Laerte
519. **Rê Bordosa: do começo ao fim** – Angeli
520. **O Harlem é escuro** – Chester Himes
521. **Café-da-manhã dos campeões** – Kurt Vonnegut
522. **Eugénie Grandet** – Balzac
523. **O último magnata** – F. Scott Fitzgerald
524. **Carol** – Patricia Highsmith
525. **100 receitas de patisserie** – Sílvio Lancellotti
526. **O fator humano** – Graham Greene
527. **Tristessa** – Jack Kerouac
528. **O diamante do tamanho do Ritz** – S. Fitzgerald
529. **As melhores histórias de Sherlock Holmes** – Arthur Conan Doyle
530. **Cartas a um jovem poeta** – Rilke
531. (20).**Memórias de Maigret** – Simenon
532. (4).**O misterioso sr. Quin** – Agatha Christie
533. **Os analectos** – Confúcio
534. (21).**Maigret e os homens de bem** – Simenon
535. (22).**O medo de Maigret** – Simenon
536. **Ascensão e queda de César Birotteau** – Balzac
537. **Sexta-feira negra** – David Goodis
538. **Ora bolas – O humor de Mario Quintana** – Juarez Fonseca
539. **Longe daqui mesmo** – Antonio Bivar
540. (5).**É fácil matar** – Agatha Christie
541. **O pai Goriot** – Balzac
542. **Brasil, um país do futuro** – Stefan Zweig
543. **O processo** – Kafka
544. **O melhor de Hagar 4** – Dik Browne
545. (6).**Por que não pediram a Evans?** – Agatha Christie
546. **Fanny Hill** – John Cleland
547. **O gato por dentro** – William S. Burroughs
548. **Sobre a brevidade da vida** – Sêneca
549. **Geraldão (1)** – Glauco
550. **Piratas do Tietê (2)** – Laerte
551. **Pagando o pato** – Ciça
552. **Garfield de bom humor (6)** – Jim Davis
553. **Conhece o Mário?** – Santiago
554. **Radicci 6** – Iotti
555. **Os subterrâneos** – Jack Kerouac
556. (1).**Balzac** – François Taillandier
557. (2).**Modigliani** – Christian Parisot
558. (3).**Kafka** – Gérard-Georges Lemaire
559. (4).**Júlio César** – Joël Schmidt
560. **Receitas da família** – J. A. Pinheiro Machado
561. **Boas maneiras à mesa** – Celia Ribeiro
562. (9).**Filhos sadios, pais felizes** – R. Pagnoncelli
563. (10).**Fatos & mitos** – Dr. Fernando Lucchese
564. **Ménage à trois** – Paula Taitelbaum
565. **Mulheres!** – David Coimbra
566. **Poemas de Álvaro de Campos** – Fernando Pessoa
567. **Medo e outras histórias** – Stefan Zweig
568. **Snoopy e sua turma (1)** – Schulz
569. **Piadas para sempre (1)** – Visconde da Casa Verde
570. **O alvo móvel** – Ross Macdonald
571. **O melhor do Recruta Zero (2)** – Mort Walker
572. **Um sonho americano** – Norman Mailer
573. **Os broncos também amam** – Angeli
574. **Crônica de um amor louco** – Bukowski
575. (5).**Freud** – René Major e Chantal Talagrand
576. (6).**Picasso** – Gilles Plazy
577. (7).**Gandhi** – Christine Jordis
578. **A tumba** – H. P. Lovecraft
579. **O príncipe e o mendigo** – Mark Twain
580. **Garfield, um charme de gato (7)** – Jim Davis
581. **Ilusões perdidas** – Balzac
582. **Esplendores e misérias das cortesãs** – Balzac
583. **Walter Ego** – Angeli
584. **Striptiras (1)** – Laerte
585. **Fagundes: um puxa-saco de mão cheia** – Laerte
586. **Depois do último trem** – Josué Guimarães
587. **Ricardo III** – Shakespeare
588. **Dona Anja** – Josué Guimarães
589. **24 horas na vida de uma mulher** – Stefan Zweig
590. **O terceiro homem** – Graham Greene
591. **Mulher no escuro** – Dashiell Hammett
592. **No que acredito** – Bertrand Russell
593. **Odisséia (1): Telemaquia** – Homero
594. **O cavalo cego** – Josué Guimarães
595. **Henrique V** – Shakespeare
596. **Fabulário geral do delírio cotidiano** – Bukowski

597. **Tiros na noite 1: A mulher do bandido** – Dashiell Hammett
598. **Snoopy em Feliz Dia dos Namorados! (2)** – Schulz
599. **Mas não se matam cavalos?** – Horace McCoy
600. **Crime e castigo** – Dostoiévski
601(7). **Mistério no Caribe** – Agatha Christie
602. **Odisséia (2): Regresso** – Homero
603. **Piadas para sempre (2)** – Visconde da Casa Verde
604. **À sombra do vulcão** – Malcolm Lowry
605(8). **Kerouac** – Yves Buin
606. **E agora são cinzas** – Angeli
607. **As mil e uma noites** – Paulo Caruso
608. **Um assassino entre nós** – Ruth Rendell
609. **Crack-up** – F. Scott Fitzgerald
610. **Do amor** – Stendhal
611. **Cartas do Yage** – William Burroughs e Allen Ginsberg
612. **Striptiras (2)** – Laerte
613. **Henry & June** – Anaïs Nin
614. **A piscina mortal** – Ross Macdonald
615. **Geraldão (2)** – Glauco
616. **Tempo de delicadeza** – A. R. de Sant'Anna
617. **Tiros na noite 2: Medo de tiro** – Dashiell Hammett
618. **Snoopy em Assim é a vida, Charlie Brown! (3)** – Schulz
619. **1954 – Um tiro no coração** – Hélio Silva
620. **Sobre a inspiração poética (Íon) e ...** – Platão
621. **Garfield e seus amigos (8)** – Jim Davis
622. **Odisséia (3): Ítaca** – Homero
623. **A louca matança** – Chester Himes
624. **Factótum** – Charles Bukowski
625. **Guerra e Paz: volume 1** – Tolstói
626. **Guerra e Paz: volume 2** – Tolstói
627. **Guerra e Paz: volume 3** – Tolstói
628. **Guerra e Paz: volume 4** – Tolstói
629(9). **Shakespeare** – Claude Mourthé
630. **Bem está o que bem acaba** – Shakespeare
631. **O contrato social** – Rousseau
632. **Geração Beat** – Jack Kerouac
633. **Snoopy: É Natal! (4)** – Charles Schulz
634(8). **Testemunha da acusação** – Agatha Christie
635. **Um elefante no caos** – Millôr Fernandes
636. **Guia de leitura (100 autores que você precisa ler)** – Organização de Léa Masina
637. **Pistoleiros também mandam flores** – David Coimbra
638. **O prazer das palavras – vol. 1** – Cláudio Moreno
639. **O prazer das palavras – vol. 2** – Cláudio Moreno
640. **Novíssimo testamento: com Deus e o diabo, a dupla da criação** – Iotti
641. **Literatura Brasileira: modos de usar** – Luís Augusto Fischer
642. **Dicionário de Porto-Alegrês** – Luís A. Fischer
643. **Clô Dias & Noites** – Sérgio Jockymann
644. **Memorial de Isla Negra** – Pablo Neruda
645. **Um homem extraordinário e outras histórias** – Tchekhov
646. **Ana sem terra** – Alcy Cheuiche
647. **Adultérios** – Woody Allen
648. **Para sempre ou nunca mais** – R. Chandler
649. **Nosso homem em Havana** – Graham Greene
650. **Dicionário Caldas Aulete de Bolso**
651. **Snoopy: Posso fazer uma pergunta, professora? (5)** – Charles Schulz
652(10). **Luís XVI** – Bernard Vincent
653. **O mercador de Veneza** – Shakespeare
654. **Cancioneiro** – Fernando Pessoa
655. **Non-Stop** – Martha Medeiros
656. **Carpinteiros, levantem bem alto a cumeeira & Seymour, uma apresentação** – J.D.Salinger
657. **Ensaios céticos** – Bertrand Russell
658. **O melhor de Hagar 5** – Dik Browne
659. **Primeiro amor** – Ivan Turguêniev
660. **A trégua** – Mario Benedetti
661. **Um parque de diversões da cabeça** – Lawrence Ferlinghetti
662. **Aprendendo a viver** – Sêneca
663. **Garfield, um gato em apuros (9)** – Jim Davis
664. **Dilbert 1** – Scott Adams
665. **Dicionário de dificuldades** – Domingos Paschoal Cegalla
666. **A imaginação** – Jean-Paul Sartre
667. **O ladrão e os cães** – Naguib Mahfuz
668. **Gramática do português contemporâneo** – Celso Cunha
669. **A volta do parafuso** *seguido de* **Daisy Miller** – Henry James
670. **Notas do subsolo** – Dostoiévski
671. **Abobrinhas da Brasilônia** – Glauco
672. **Geraldão (3)** – Glauco
673. **Piadas para sempre (3)** – Visconde da Casa Verde
674. **Duas viagens ao Brasil** – Hans Staden
675. **Bandeira de bolso** – Manuel Bandeira
676. **A arte da guerra** – Maquiavel
677. **Além do bem e do mal** – Nietzsche
678. **O coronel Chabert** *seguido de* **A mulher abandonada** – Balzac
679. **O sorriso de marfim** – Ross Macdonald
680. **100 receitas de pescados** – Sílvio Lancellotti
681. **O juiz e o seu carrasco** – Friedrich Dürrenmatt
682. **Noites brancas** – Dostoiévski
683. **Quadras ao gosto popular** – Fernando Pessoa
684. **Romanceiro da Inconfidência** – Cecília Meireles
685. **Kaos** – Millôr Fernandes
686. **A pele de onagro** – Balzac
687. **As ligações perigosas** – Choderlos de Laclos
688. **Dicionário de matemática** – Luiz Fernandes Cardoso
689. **Os Lusíadas** – Luís Vaz de Camões
690(11). **Átila** – Éric Deschodt
691. **Um jeito tranqüilo de matar** – Chester Himes
692. **A felicidade conjugal** *seguido de* **O diabo** – Tolstói
693. **A viagem de um naturalista ao redor do mundo – vol. 1** – Charles Darwin
694. **A viagem de um naturalista ao redor do mundo – vol. 2** – Charles Darwin
695. **Memórias da casa dos mortos** – Dostoiévski
696. **A Celestina** – Fernando Rojas
697. **Snoopy (6)** – Charles Schulz
698. **Dez (quase) amores** – Claudia Tajes
699. **Poirot sempre espera** – Agatha Christie
700. **Cecília de bolso** – Cecília Meireles